D1336390

HET DAGLICHT NAJAGEN

Eugene O'Kelly groeide op in zijn geboortestad New York City. Hij begon in 1972 als assistant accountant bij KPMG en eindigde zijn carrière van ruim dertig jaar als CEO van de firma, een rol die hij vervulde van april 2002 tot juni 2005, toen hij senior partner bij KPMG werd. Hij overleed op 10 september 2005.

EUGENE O'KELLY

Het daglicht najagen

Hoe mijn naderende dood mijn leven veranderde

Laatste verslag Eugene O'Kelly met Andrew Postman

SCRIPTUM

www.scriptum.nl
info@scriptum.nl

Oorspronkelijke titel *Chasing Daylight:*
How My Forthcoming Death Transformed My Life
Oorspronkelijk uitgegeven door McGraw-Hill
Vertaald door Raymond Gijsen

ISBN 978 90 5594 470 5 | NUR 801, 770 Management, Psychologie Algemeen

Voor Marianne en Gina –
het mooiste wat het leven me heeft gegeven

Voor Corinne,
mijn metgezel in dit leven en
mijn gids naar het volgende

W E KEKEN DOOR HET RAAM van onze woonkamer naar het vuurwerk dat vanaf de aak van Macy's op de East River werd afgeschoten. Precies een jaar geleden had ik het vuurwerk vanaf de rivier zelf bekeken – als gast aan boord van het jacht van de familie Forbes, *The Highlander*. Ik had toen geen flauw benul wat het volgende jaar me zou brengen. Maar dat weet je nu eenmaal nooit.Het is eigenlijk niet juist om te zeggen dat ik naar het vuurwerk 'keek'. De allergrootste sensatie deze nacht van de vierde juli – althans voor mij – was niet het schouwspel. Natuurlijk speelden mijn ogen me al parten – ik had last van troebelheid en blinde blekken – waardoor ik niet ten volle het schouwspel van al die uiteenspattende vuurbogen aan de hemel buiten het raam van ons appartement kon beleven. Maar zelfs al was mijn gezichtsvermogen beter geweest, dan nog zou ik vooral onder de indruk zijn geweest van het geluid. Al die explosies die tegen de omliggende wolkenkrabbers weerkaatsten en als een rollende donder door de ravijnen van de avenues van Manhattan trokken. Mijn stad – en ik – leken op hun grondvesten te schudden. Het geluid was schitterend mooi. Een openbaring. Ik had nooit gedacht dat het mooiste aan vuurwerk iets anders dan licht en kleur zou kunnen zijn. Het leven zit vol verrassingen.

Inhoud

Wie weet – misschien is de dood wel het mooiste wat ons kan overkomen. De mens vreest de dood echter alsof hij zeker weet dat die het allergrootste kwaad is. Maar is dat niet de ontluisterende illusie kennis te hebben omtrent iets wat we niet kennen?

   – Socrates

Een geschenk

IK WAS een gezegend mens. Ik had te horen gekregen dat ik nog drie maanden te leven had. Nou denkt u natuurlijk: wie zoiets in één adem zegt, maakt een misselijke grap of is gek. Of misschien denkt u dat ik een rotleven had waar maar beter zo snel mogelijk een einde aan kon komen.

Niets was minder waar. Ik had een geweldig leven. Ik was dol op mijn gezin. Ik genoot van mijn vrienden, mijn loopbaan, de organisaties waar ik deel van uitmaakte, de partijtjes op de golfbaan. Evenmin is er iets mis met mijn verstandelijke vermogens. En ik maak ook geen grappen. De veroordeling die ik die laatste week van mei 2005 kreeg – dat ik de eerste dag van mijn dochter Gina in groep acht in de eerste week van september waarschijnlijk niet meer mee zou maken – bleek uiteindelijk echt een geschenk te zijn.

Want nu werd ik gedwongen om in alle ernst na te denken over mijn eigen dood. Dat betekende dat ik dieper moest nadenken over mijn leven dan ik ooit had gedaan. Hoe onaangenaam het ook was – ik dwong mezelf om onder ogen te zien dat ik het laatste stadium van mijn leven had bereikt; ik dwong mezelf om te bepalen hoe ik die laatste honderd dagen (of hoeveel meer of minder het er uiteindelijk ook zouden blijken te zijn) wilde doorbrengen; en ik dwong mezelf om praktisch aan de slag te gaan met de beslissingen die ik nam.

In essentie heb ik mezelf twee vragen gesteld: *Moet je levenseinde het slechtste deel van je leven zijn? Kun je er iets constructiefs van maken – misschien zelfs wel het beste deel van je leven?*

Nee, respectievelijk ja – zo zou ik die vragen achtereenvolgens beantwoorden. Ik kon me helder van geest (doorgaans) en in een goede lichamelijke conditie (tot op zekere hoogte) op het einde voorbereiden, bijgestaan door de mensen die van me hielden.

Een geschenk dus.

Natuurlijk doorlopen mensen meestal niet vooraf in detail alle aspecten van hun eigen stervensproces. Ik had dat in elk geval niet gedaan – totdat ik ertoe gedwongen werd. We hebben meestal een diepe, onbestemde angst voor de dood. Tot in detail plannen hoe we het beste kunnen maken van die laatste dagen? En dat plan vervolgens ook omwille van jezelf en van je dierbaren precies zo uitvoeren? Dat doen mensen die gaan sterven meestal niet – en als je gezond bent, dan staat de dood al helemaal ver van je af. Sommigen denken helemaal nooit na over de dood omdat die plotseling en veel te vroeg komt. Veel mensen die zo aan hun einde komen – bijvoorbeeld bij een auto-ongeluk – zijn nooit echt doordrongen geraakt van hun eigen sterfelijkheid. Mijn eigen dood kwam weliswaar enigszins voortijdig (ik was 53 toen ik hoorde dat ik opgegeven was) maar niet plotseling (althans, zo kon je het niet noemen twee weken nadat ik mijn doodvonnis tot me had laten doordringen). Ik had immers duidelijk te horen gekregen dat mijn laatste dag op aarde ergens in 2005 zou vallen.

Hoe kun je het beste maken van je laatste levensstadium? Sommige mensen komen niet aan die vraag toe omdat ze hun leven geestelijk of fysiek niet langer in eigen hand hebben wanneer het eenmaal zover is. Pijnbestrijding is dan de voornaamste zorg.

Dat gold niet voor mij. Dat lijden zou mij bespaard blijven. Ik had geen centje pijn in de weken voorafgaand aan de diagnose, toen er vreemde dingen met me begonnen te gebeuren (overigens zonder dat ik het merkte). Later werd me verteld dat ook mijn einde pijnloos zou zijn. De schaduwen waar mijn geest heel langzaam in werd gehuld, zouden gaandeweg gaan lengen, net als op de golfbaan in de late namiddag, dat magische moment van de dag, mijn favoriete tijd op de baan. Het licht werd dan steeds fletser. Het werd steeds moeilijker om de hole – het object waar ik me op concentreerde – nog te zien. Op gegeven moment zou ik het niet eens meer kunnen benoemen. Het licht zou wegtrekken. Ik zou in een coma terechtkomen. De nacht zou invallen. En dan zou ik sterven.

Gelet op de omstandigheden van mijn eigen overlijden koos ik ervoor, mijn laatste honderd dagen anders in te vullen. Ik was immers nog betrekkelijk jong. Ik raakte mijn verstand niet kwijt en bleef, afgezien van mijn ziekte, fysiek gezond. Ik had geen pijn. Bovendien had ik de mensen van wie ik hield om me heen – en zij stonden vol in het leven. Daarom koos ik ervoor om mijn ogen goed de kost te blijven geven – al was het dan met een troebele blik.

Oh ja … ik had nog een reden – en misschien wel de belangrijkste – voor de manier waarop ik mijn stervensproces wilde invullen: mijn hersenen. Mijn manier van denken. Om te beginnen als accountant, maar ook als ambitieus zakenman, en ten slotte als de ceo van een grote Amerikaanse firma. Mijn kijk op werken en presteren, op consistentie en continuïteit en commitment, was door mijn beroep een onlosmakelijk deel van me geworden. Bovendien had het me ook heel veel gebracht in mijn leven. Ik kon me dan ook niet voorstellen dat ik me niet vanuit dezelfde houding aan mijn allerlaatste opdracht zou zetten. Als succesvol topmanager ben je erop gespitst om zo strategisch mogelijk te denken en je zo goed mogelijk voor te bereiden – je wilt altijd 'winnen'. Daarom voelde ik nu de drang om mijn laatste honderd dagen zo goed mogelijk te plannen. Met behulp van mijn vaardigheden als CEO (vermogen om het hele veld te overzien, met uiteenlopende problemen om te gaan, op voorhand rekening te houden met onvoorziene omstandigheden, enzovoort) kon ik me voorbereiden op mijn dood. (Bovendien wil ik hier niet onvermeld laten dat ik een beter mens en een betere CEO zou zijn geweest als ik bepaalde dingen eerder had geleerd, en niet pas door mijn ultieme levenservaring.) Door mijn allerlaatste project zo stelselmatig aan te pakken, hoopte ik er er een positieve ervaring van te kunnen maken voor mijn omgeving, en de beste drie maanden van mijn leven.

Ik had mazzel.

⟜

Stel nou eens dat ik niet te horen had gekregen dat ik nog maar honderd dagen te leven had. Wat had ik dan met die tijd gedaan?

Nadenken over mijn volgende zakenreis, vermoedelijk naar Azië. Plannen maken om nieuwe klanten aan te trekken en tegelijkertijd onze bestaande klanten vast te houden. Initiatieven formuleren voor het komende half jaar, het komende jaar, de komende vijf jaar. Mijn directieagenda was altijd een jaar tot anderhalf jaar vooruit al gevuld. Dat hoorde nu eenmaal bij de functie. Mijn rol hield nu eenmaal in dat ik voortdurend moest nadenken over de toekomst. Hoe konden we als firma voortbouwen op ons succes? Hoe konden we de kwaliteit van onze dienstverlening op peil houden? Op zich leefde en opereerde ik weliswaar in het heden, maar ik was onophoudelijk gericht op een minder grijpbaar en ogenschijnlijk belangrijker punt in de tijd. (Voordat ik te horen kreeg wat er met me aan de hand was, ging mijn allerlaatste gedachte voordat ik 's avonds in slaap viel meestal over iets dat een maand of een half jaar later te gebeuren stond. Na mijn diagnose dacht ik op het moment waarop ik in slaap viel alleen nog maar over ... de volgende dag.) In 2002 werd ik voor een periode van zes jaar gekozen tot chairman en chief executive van KPMG in de Verenigde Staten. Maar als alles volgens plan verliep, dan zou ik in 2006 wellicht chairman van KPMG wereldwijd kunnen worden, waarschijnlijk voor een periode van vier jaar. En in 2010? Vermoedelijk met pensioen.

Ik ben er de man niet naar om me te verliezen in veronderstellingen – daar is mijn manier van denken te doortastend voor. Maar toch – stel nou eens dat ik die doodstraf niet had gekregen. Zou het niet leuk geweest zijn om nog jarenlang te kunnen plannen en bouwen, leiding te kunnen geven, en de boel op te schudden zoals ik gewend was? Ja en nee. Ja, want natuurlijk had ik sommige dingen nog graag meegemaakt. Ik had mijn dochter Gina graag haar diploma van de middelbare school en vervolgens de universiteit zien halen, zien trouwen, kinderen zien krijgen, en haar eigen draai aan de toekomst zien geven (in welke volgorde ze dat dan ook allemaal zou doen). Of samen met mijn oudste dochter Marianne nog even wat cadeautjes inkopen op de dag vóór Kerst, de dag vóór haar verjaardag, en dan aldoor te eten, te praten en te lachen zoals we dat elk jaar deden op die dag. Of samen met Corinne, het meisje van mijn dromen met wie ik nu al 27 jaar getrouwd was, reizen te maken en te golfen, en samen met haar van onze rustige oude dag in Arizona te genieten waar we al zo lang over fantaseerden en waar we ons enorm op verheugden. Of om mee te maken hoe mijn firma, waar ik meteen na de business school was gaan werken – nu alweer meer dan dertig jaar geleden – nieuwe bakens voor kwaliteit en succes zou uitzetten. Of om de Yankees weer een keer de World Series te zien winnen (drie keer mag ook). Of in 2008 de Olympische Spelen in Beijing mee te maken. En mijn kleinkinderen zien opgroeien.

Maar ik zeg ook 'nee'. Nee, want door de situatie waarin me plotseling bevond bereikte ik een nieuw bewustzijnsniveau dat ik de voorafgaande 53 jaar van mijn leven niet had gekend. Ik voel me dermate verrijkt door deze nieuwe manier van denken dat ik me gewoon niet voorstellen dat ik weer zou moeten terugkeren naar die andere manier van denken. Ik had iets waardevols verloren – maar ik had ook iets waardevols gewonnen.

Nog niet zo lang geleden zat ik op de top van de wereld. Vanaf die plek had ik een bijna uniek uitzicht op het Amerikaanse bedrijfsleven. Ik kon meekijken in de 'keuken' van allerlei uitstekende en uiterst succesvolle ondernemingen, in allerlei bedrijfstakken. Ik had toegang tot de buitengewone mensen die aan die organisaties leiding gaven. Ik kon zien wat er om me heen gebeurde. Ik kon de economische ontwikkeling op afzienbare termijn vrij goed inschatten. Soms voelde ik me net als een grote adelaar bovenop een berg – niet zozeer omdat ik me onoverwinnelijk voelde, maar juist vanwege die brede blik op de wereld.

Nu bevond ik me plotseling in een totaal andere positie. Ik zat op een harde metalen stoel en keek naar een arts die mij vanaf de andere kant van zijn bureau bekeek met meer medeleven dan me lief was. Dit was medeleven waar niemand op zit te wachten.

Zijn ogen vertelden me dat ik niet lang meer te leven had. De lente was al een eind op streek. Mijn laatste herfst in New York had ik al achter me.

Alle plannen die ik als CEO had gemaakt lagen in duigen – althans, voor zover ik ze zelf ten uitvoer zou zien worden gebracht. Ik was er weliswaar van overtuigd dat we grote stappen vooruit hadden gezet met mijn visie voor de firma. Maar nu zou iemand anders het voortouw moeten overnemen. Alle plannen die Corinne en ik voor onze toekomst hadden, konden in de prullenbak. Het was moeilijk om niet in zelfbeklag te vervallen. Al die jaren hadden we zo ontzettend veel tijd niet samen doorgebracht omdat ik de hele wereld over reisde en onmogelijke uren werkte. Dat hadden we gedaan met de bedoeling om samen van een welvarend pensioen te kunnen genieten. En nu leek het wel alsof we op de meest vreselijke manier beet waren genomen – zonder het te beseffen. In mijn portemonnee droeg ik zelfs altijd een foto bij me van de droomplek waar we onze oude dag hadden willen doorbrengen – Stone Canyon in Arizona. Maar die droom was nu uit elkaar gespat. Samen met al die andere dingen die ik in 2006, 2007 en al die jaren daarna had willen doen.

Ik ben altijd iemand geweest die naar een doel moet kunnen toewerken. Corinne ook. Ons hele leven samen hebben we ons altijd bepaalde doelen op de lange termijn gesteld en vervolgens vanuit die doelen terug geredeneerd naar het heden. Dat wil zeggen, we bepaalden onze doelen op de korte termijn zodanig dat we daarmee de grootste kans hadden om onze grote doelen op langere termijn te bereiken. En als de situatie vervolgens veranderde – wat voortdurend gebeurde – dan bekeken we onze doelen opnieuw, zowel op de korte als de lange termijn, en pasten een en ander aan om opnieuw zoveel mogelijk kans op een goed eindresultaat te hebben. De doelen die ik had gehad in de week voordat die arts me op die ongelukkige manier aankeek, lagen niet langer binnen mijn bereik. Ik moest korte metten maken met plannen voor een leven dat er niet langer zou zijn. Hoe eerder hoe beter.

Ik moest mezelf nieuwe doelen stellen. En snel.

Ik heb de realiteit altijd onder ogen kunnen zien. Dat is een eigenschap waar ik in mijn leven veel aan heb gehad. Zo´n veertig jaar geleden deed ik dat ook al – in het klein weliswaar, maar niet minder wezenlijk. Ik groeide op in een kleine slaapwijk van hoofdzakelijk modale gezinnen in Queens. Het was New York City, maar dat zag je er niet aan af. Als kind was ik dol op honkbal. Ik was er constant mee bezig. Ik pitchte voor mijn team op de middelbare school. Ik dacht ook dat ik er vrij goed in was. Ik haalde zelfs een keer de lokale krant omdat ik ons team door een penibele laatste inning – alle honken bezet en nog niemand uit – sleepte waardoor we de wedstrijd naar ons toe trokken. Ik dacht dat ik een toekomst had als honkballer.

Mijn moeder had mijn passie voor honkbal al die jaren aangezien. Toen ik veertien was, vertelde ze me echter op een dag dat ik passie niet moest verwarren met talent.

'Wat bedoel je?' vroeg ik toen.

'Je hebt misschien wel de passie om een groot honkballer te zijn,' zei ze, 'maar niet het talent.'

Het kostte me een groot deel van die zomer om me neer te leggen bij wat mijn moeder me, uit liefde, had verteld. Zij wilde dat ik vasthield aan mijn passie maar tegelijkertijd ook een richting koos waarin mijn talenten optimaal tot hun recht zouden kunnen komen.

Ik ben niet gestopt met honkballen en ben ook altijd een honkbalfan gebleven. Maar uiteindelijk zag ik in dat ze gelijk had. Toen ik ging studeren aan Penn State, probeerde ik in het universiteitsteam te komen, maar dat lukte niet. Ik had niet zoveel talent als mijn broer. En zelfs hij kwam maar tot een bepaald niveau.

Of ik het nou leuk vond of niet, dit was mijn realiteit. Ik paste me aan. Naarmate ik ouder werd, leerde ik me sneller aan te passen. Ik ontwikkelde een vermogen om snel, bijna onmiddellijk, tot grote veranderingen te beslissen. Als iets in mijn leven niet langer werkte, kon ik dat zonder al te veel pijn laten vallen. Ik keek er niet op terug en ik week ook niet af van mijn nieuwe pad. Ik meende dat ik er niets aan had om te doen alsof iets wat er niet langer was, er nog wél was. Of om te ontkennen dat iets wat wél waar was, hoe onaangenaam ook, inderdaad de realiteit was. Hoe sneller je de realiteit onder ogen zag, des te beter. Dit was een bijzonder nuttige eigenschap in de zakenwereld, waar het er minstens zo snel en hard toegaat als in de wereld in het algemeen.

Slechts enkele dagen na dat gitzwarte moment bij die arts had ik geaccepteerd dat mijn 'kalender' niet langer te vergelijken was met die van de meeste mensen. *Het is niet anders*, erkende ik tegenover mezelf. Nu moest ik mezelf doelen zien te stellen die ik kon halen binnen de tijd die me nog gegeven was.

Gelukkig had ik een carrière gevolgd waar ik wél het talent voor bleek te hebben (en uiteindelijk ook de passie). Daardoor kon ik nu mijn vaardigheden en kennis inzetten om ten volle te profiteren van mijn ontnuchterende nieuwe realiteit. In was gewend om uit te dokteren hoe wij ons als firma snel konden herpositioneren om ons aan te passen aan nieuwe marktomstandigheden. Nu moest ik uitdokteren hoe ik mezelf kon herpositioneren, om me aan te passen aan de nieuwe omstandigheden van mijn eigen leven. Mijn ervaring en kijk op het leven gaven me de mogelijkheid om mijn 'eindspel' beter te sturen dan de meeste mensen doen, en ik beschouwde de kans daartoe als een geschenk.

Het sleutelwoord in de vorige zin is niet 'geschenk' of 'kans', maar 'mogelijkheid'. Van deze kans echt een geschenk te maken, een geschenk voor het leven – voor mij, mijn gezin en mijn vrienden – dat was de grootste uitdaging van mijn leven.

∽

Ik begrijp wel dat dit allemaal tamelijk ongelooflijk klinkt. Wie gaat er immers op deze manier om met zijn eigen dood? Hoe kan je levenseinde nou *niet* chaotisch zijn – zelfs al ben je dan een accountant? Hoe kun je er nu *niet* wanhopig van worden? Hoe is het mogelijk dat je je *niet* onderdompelt in ontkenning en een eindeloze, Don Quichotte-achtige zoektocht naar een wonder?

Kun je je dood werkelijk op een constructieve manier benaderen – zoals iedere andere fase van je leven? Opgewekt (en misschien zelfs hoopvol)? Hebben we hier niet te maken met een impliciete tegenstelling? En – misschien nog het ongelooflijkst van alles: hoe zou je van deze vreselijke tijd in hemelsnaam de allerbeste tijd van je leven kunnen maken?

De meeste mensen vinden het vooruitzicht van de dood ongenadig hard en onacceptabel. Ze willen er nog niet één enkele minuut tijd aan spenderen. Ze zetten het liever uit hun hoofd. Daar denken we later wel eens over na. Véél later. Als het er al ooit van komt.

De mensen die ik ontmoette, konden er echter niet omheen. In mij zagen zij het levende bewijs van een dood die te vroeg komt, waar je niet op hebt gerekend. Ik zag het in hun ogen. Ik zag er zoveel ouder uit dan mijn 53 jaar – minstens 70, misschien wel 75. De rechterkant van mijn gezicht was gaan hangen. Ik zag eruit alsof ik een beroerte had gehad, een zware. Al snel zou ik kaal worden door de bestraling. De huid op mijn schedel voelde aan als tissue-papier. (Mijn dochter Gina zei dat ik eruit zag als een vriendelijke variant van Dr. Evil uit *Austin Powers*.) Soms was ik onverstaanbaar, alsof ik probeerde te praten met een stel knikkers in mijn mond. Een collega zei dat ik opeens met een Massachusetts' accent praatte. Soms moest ik dingen zelfs voor mijn gezin en vrienden die ik al mijn hele leven kende een paar keer herhalen voordat ze begrepen wat ik bedoelde. Er werd me vaak gevraagd – *gesmeekt* – om de een of andere drastische behandeling te ondergaan in de hoop dat er alsnog een wonder kon gebeuren. Sommige vrienden en collega's leken bijna beledigd door mijn houding en de koers die ik had gekozen, alsof ik had had aangetoond dat wonderen – of althans de mogelijkheid ervan – het uiteindelijk waard waren om verworpen te worden. (Natuurlijk hoopte ik ergens ook wel dat ik morgen op de voorpagina van de *New York Times* zou lezen over die ene wonderbaarlijke doorbraak in de medische wetenschap die mij nog enkele tientallen jaren extra zou opleveren. Maar ik kon me niet meer veroorloven nog maar één jota energie aan die mogelijkheid te besteden.) De meeste mensen die ik ontmoette, wensten mij het eeuwige leven toe – of tenminste nog een paar jaar. Dan zou datgene, wat ik vertegenwoordigde, minder confronterend zijn. Voor hen.

Sommige mensen schrijven hun eigen grafrede. Veel mensen kiezen zelf uit waar ze op het kerkhof willen liggen. En ze laten er geen twijfel over bestaan of ze begraven of gecremeerd willen worden dan wel hun lichaam ter beschikking willen stellen van de medische wetenschap. Toen ik de laatste en allerbelangrijkste actielijst van mijn leven ging opstellen, kende ik echter niemand die geprobeerd had om zijn eigen dood op zo'n doelbewuste manier te regelen. Ik ben het niet gaan doen om anderen te beïnvloeden.

Ik deed het gewoon omdat het bij mij paste. Zo was ik nu eenmaal: planmatig, georganiseerd, eenduidig, grondig. Wat kan ik ervan zeggen? Ik was niet alleen accountant van beroep – ik was in mijn hele doen en laten accountant. Dankzij mijn eigenschappen had ik kunnen floreren in de financiële wereld en de accountancy. Diezelfde eigenschappen maakten echter ook dat ik niets ongepland kon doen – en dat gold ook voor sterven.

Ik was er al heel lang van overtuigd dat een succesvol zakenman een spiritueel leven kan leiden als hij daartoe geneigd is. Daarvoor hoef je niet de bestuurskamer uit te lopen en alles op te geven om in een ashram te gaan leven – alsof je alleen met zo'n drastische stap zou kunnen bewijzen dat je tot in het diepst van je wezen nadenkt over de grote vragen van het leven, waaronder die over je ziel. Zo had ik er tegenaan gekeken, en zo dacht ik nog steeds – ook nadat ik te horen kreeg over mijn ziekte. Ik ontdekte echter ook een diepgang waar je als zakenman zelden komt. Ik leerde bovendien hoe waardevol het was om daar door te dringen – en hoe eerder hoe beter, omdat het je als zakenman en als mens meer succes oplevert. Wat ik heb doorgemaakt zou je een spirituele reis, een reis van de ziel kunnen noemen. Een reis die mij in staat stelde om datgene te ervaren wat er altijd al was geweest, maar wat ik door alle afleiding in de wereld niet had gezien.

Omdat ik in mijn laatste weken zoveel leerde wat ik zo buitengewoon opmerkelijk vond (zoals ik ook had verwacht), voelde ik de drang om mensen te doen inzien dat dit stadium van je leven iets waardevols is om te ervaren, *als* je je er maar op voorbereidt. Een paar weken nadat mijn diagnose was gesteld, slenterde ik op een schitterende dag door Central Park met een van mijn beste vrienden, mijn mentor die me had voorbereid voor mijn laatste functie bij KPMG. 'De meeste mensen krijgen deze kans niet,' zei ik tegen hem. 'Ze zijn te ziek of ze hebben er geen idee van dat ze op het punt staan te sterven. Ik heb de unieke kans om me hier zo goed als ik maar kan op voor te bereiden.' Hij keek me aan op een manier waar ik eerder *be*wondering dan *ver*wondering in meende te zien.

Als CEO had ik het mentorprogramma van onze firma uitgebreid om ervoor te zorgen dat iedereen een mentor zou krijgen. Later, toen ik stervende was, bedacht ik onwillekeurig dat alles wat ik over de naderende dood leerde mij ook de verantwoordelijkheid gaf om die ervaring te delen. Ik wilde een mentor zijn voor iemand – al was het maar één persoon – met deze kennis die ik verwierf. Kennis over het afronden van relaties. Over zo intens van elk moment genieten dat de tijd werkelijk lijkt te vertragen. Over dat ene dat belangrijker is dan tijd (en ik bedoel niet liefde). Over helderheid en eenvoud. Over het verlies van spontaniteit in je leven, en de noodzaak om die spontaniteit opnieuw tot leven te wekken. Waren dit niet allemaal dingen die gezonde mensen konden leren? Of moet je echt ongeneeslijk ziek zijn voordat dit soort ideeën tot je kunnen doordringen? Zo morbide als het ook klinkt – door wat ik meemaakte, begon ik in te zien dat we allemaal tijd moeten maken om na te denken over onze dood, en over wat we willen doen met onze laatste dagen – voor zover we daar iets over te zeggen hebben.

Ik ging steeds dieper en zelfs bijna enthousiast nadenken over deze vraag: *als de manier waarop we sterven een van de allerbelangrijkste beslissingen is die we nemen in ons leven* (nogmaals: in die situaties waarin we daar nog invloed op hebben, of wanneer tenminste min of meer bekend is dat het gaat gebeuren), *waarom geven de meeste mensen die verantwoordelijkheid dan uit handen?*

En laten daarmee zowel voor zichzelf als voor degenen die zij achterlaten waardevolle dingen schieten? Voor iedereen die wel overweegt om op gegeven moment wat tijd in te ruimen om zijn of haar laatste weken en maanden te plannen, heb ik drie woorden van advies: *doe het eerder*. Ben je 50 en wil je er op je 55ste over gaan nadenken, doe het eerder. Ben je 30 en wilde je er over 20 jaar eens over gaan nadenken, doe het eerder. Net zoals een ongeneeslijk ziek iemand gemotiveerd is voor een stringenter schema, zo heeft een gezond iemand niet de motivatie om zelfs maar één minuut voor het einde aan dat einde te denken – en dan is het misschien te laat. Dat is je nadeel, misschien zelfs je vloek. *Denk er eerder over na.* Een goede vriend van me was uitgenodigd om deel te nemen aan een 'Renaissance Weekend' – zo'n bijeenkomst met een hoog octaangehalte waar politici, kunstenaars, wetenschappers, zakenmensen, Nobelprijswinnaars en noem maar op bij elkaar komen. Hij vertelde me dat enkele deelnemers was gevraagd om aan het eind van dat weekend de aanwezigen kort toe te spreken. Iedere spreker kreeg niet meer dan drie minuten en moest zich inbeelden dat hij of zij meteen na dat praatje zou sterven. Mijn vriend vertelde me dat de toespraken allemaal ontzettend boeiend maar vooral verrassend waren. De mannen en vrouwen die waren uitgekozen om de deelnemers toe te spreken hadden duidelijk heel goed nagedacht over wat zij cruciaal vonden om te vertellen. Vaak was dat helemaal niet wat je zou verwachten van een senator, een wereldberoemd natuurkundige of een CEO.

Doe het eerder.

Daarmee wil ik niet zeggen dat ik het allemaal perfect heb gedaan. Ik moest heel veel werk verzetten. Ik heb heel veel verkeerd gedaan. Op momenten waarop ik probeerde volledig bewust en in dat ene moment te zijn, kostte het me vaak moeite om mijn gedachten niet te laten afdwalen naar de toekomst of het verleden. Ik werd boos. Ik heb vaak gehuild. Soms was ik als een bezetene. De dingen die ik wilde doen lukten vaak niet. Maar ik heb er niet één keer spijt van gehad dat ik de teugels over mijn leven in eigen handen heb genomen, voor die allerlaatste en kostbaarste paar centimeters van mijn leven die ik nog te gaan had, voor de allerlaatste keer dat ik het kon.

⌒

Wat klopt er niet aan dit beeld?

Ik kon toch niet in alle ernst de dood ingaan en denken dat mijn zakelijke mentaliteit dan zodanig zou expanderen dat ik, en de wereld met mij, zou worden ingewijd in de allergrootste geheimen over het leven? Nee, dat kon ik niet. Dat zou arrogant zijn. Ik heb me nooit overgegeven aan al teveel bespiegelingen. Ik ben niet bijzonder filosofisch ingesteld. Het leek me echter dat de mentaliteit die je in het bedrijfsleven moet hebben ook heel belangrijk voor je kan zijn aan het eind van je leven (net zo belangrijk als vroeger, toen ik me sterk, onvermoeibaar en nagenoeg onsterfelijk voelde). Maar toch: het klinkt behoorlijk vreemd om te proberen de CEO te zijn van je eigen sterven.

Omdat sterven zo absoluut is, en zo heel anders aanvoelt dan het leven dat ik had geleid, moest ik op zijn minst evenveel zakelijke gewoonten *afleren* als ik probeerde vast te houden. Sterker nog: ik had weliswaar niet altijd de tijd om hier diep over na te denken, maar mijn grootste uitdaging was niet het sterven zelf, maar de spanning tussen die twee uitersten: de oude 'ik' en de 'ik' die met iedere nieuwe dag moest worden gecreëerd. Ik vond het moeilijk om tegen mezelf te zeggen dat ik een leider en manager moest zijn, maar me tegelijkertijd ook voorgoed moest losmaken van die manier van denken. Welk deel van mij bleef? Welk deel van mij dwaalde af van het pad? Welk deel zou me helpen? Welk deel zou me in de steek laten? Zou ik een soort 'hybride' van vóór en na worden? Was dat goed? Moest het zo zijn? Zou datgene wat goed was, uiteindelijk de overhand krijgen?

En wat zouden anderen kunnen leren van deze spanning in mijn leven, en in hun eigen leven kunnen gebruiken?

Ik vertel mijn verhaal opdat diegenen die mijn 'geschenk' niet hebben gekregen er iets nuttigs in zullen ontdekken voor hun eigen (hopelijk lange) toekomst en/of heden (met hopelijk veel diepgang). Het zou voor mij een bron van vreugde zijn als zij gaan inzien – en hoe eerder hoe beter – hoe waardevol het is om je eigen dood onder ogen te zien, met alles wat daaraan vast zit. Ik hoop dat mijn benadering en perspectief de weg naar een beter sterven mogen wijzen – en een beter leven hier en nu.

Bijna precies veertien jaar geleden werd mijn dochter Gina geboren en zag ik hoe de verpleegster haar in Corinne's armen legde. Ik ging dichter bij mijn vrouw en pasgeboren dochter staan, overweldigd door wat ik zag. Gina was ongelooflijk mooi, al was ze een beetje gekreukeld uit haar reis tevoorschijn gekomen. Voordat ik haar kon aanraken, strekte zij tot mijn verbijstering haar armpje uit, pakte mijn vinger vast en klampte zich er stevig aan vast.

Ik schrok en mijn gezicht betrok.

Die dag en de dag erna beleefde ik als in een soort mist. Corinne merkte dat ik me vreemd gedroeg en afgeleid was, en confronteerde me er uiteindelijk mee.

'Wat is er?' vroeg ze me. 'Je doet zo vreemd.'

Ik wendde mijn hoofd af.

'Wat is er?' vroeg ze. 'Zeg het me.'

Ik kon het niet langer voor me houden. 'Toen ze mijn vinger vastpakte,' zei ik, 'besefte ik opeens dat ik ooit afscheid van haar zal moeten nemen.'

Het is een zegen. Het is een vloek. Dit is wat er gebeurt als je mensen in je leven toelaat. Op gegeven ogenblik zul je er ook weer afscheid van moeten nemen. Niet alleen van al die mensen van wie je houdt en die ook van jou houden, maar van de hele wereld.

Ik vond het geweldig om een leider in het bedrijfsleven te zijn. Maar toen kwam de dag dat ik die man niet langer kon zijn. Voordat het licht in mijn geest zou doven en de schaduwen zozeer zouden lengen dat ik ze niet meer zou zien, besloot ik dat ik dan in elk geval heer en meester wilde zijn over mijn eigen afscheid.

Onder de streep

'Ik streef naar het eeuwige leven. Tot nu toe lukt dat aardig.'
– Steven Wright

Wie was ik? In het leven dat ik had geleid, was ik CEO en chairman geworden van KPMG LLP, een vennootschap met een geschiedenis van ruim een eeuw, een omzet van vier miljard dollar en twintigduizend medewerkers – een van de vier grote accountantskantoren van Amerika. In dat leven zag een Perfecte Dag er ongeveer als volgt uit. Enkele besprekingen met cliënten – wat ik het liefste deed. Een overleg met ten minste één van de leden van mijn kernteam. Een paar telefoontjes met partners in New York en kantoren door het hele land om te bespreken hoe we samen dingen konden aanpakken. Er moeten een paar brandjes worden geblust. Soms ook een gesprek met een van onze concurrenten om te bekijken hoe we samen een van onze gemeenschappelijke professionele doelen kunnen bereiken. Ik werk allerlei actiepunten uit mijn elektronische agenda af. En ik zet weer een stap op tenminste één van de drie verbeteringsterreinen die ik heb benoemd toen ik drie jaar geleden door de partners van onze firma voor de hoogste post was verkozen: (1) zorgen dat ons bedrijf verder groeit (niet zo'n vreemde doelstelling – een bedrijf moet groeien om te overleven); (2) de kwaliteit van de dienstverlening verbeteren en risico's verminderen; en (3) het allerbelangrijkste voor mij en voor de gezondheid van de firma op de lange termijn: ervoor zorgen dat onze firma een nog betere plek wordt om te werken – wat heet: een geweldige plek is om te werken – en onze mensen helpt om meer balans te krijgen tussen hun werk en hun privéleven. Ik vond al heel lang dat wij als organisatie onze mensen meer het gevoel moesten geven dat hun werk en hun privéleven aspecten waren van één en hetzelfde organisme – en niet twee dingen die volstrekt los van elkaar stonden en elkaar niet verdroegen.

Voor mij persoonlijk – voor iedere topmanager maar zeker voor de nummer één van de organisatie – was vooral dat laatste bijzonder moeilijk om voor elkaar te krijgen. Begrijp me niet verkeerd: ik hield van mijn firma. (Een deel van de worsteling was misschien ook juist dat ik er zo van hield.) Ik genoot ook iedere dag opnieuw met volle teugen van mijn werk – de actie, de uitdaging, de voldoening. Ik had een passie voor het vak van accountant. (Niet lachen.) De precisie, de helderheid, de logica ervan. Ik had het gevoel dat ik ervoor geboren was – mijn denken, mijn temperament: het was ervoor gemaakt. Ik was doelgericht, wist wat mijn missie was, had de gedrevenheid om te doen wat nodig was – wat dan ook. Als je me midden in de nacht opbelde en vertelde dat ik meteen naar het vliegveld moest komen en de halve wereld moest overvliegen om bepaalde activiteiten te veroveren of te behouden, dan zou ik dat doen. Wat heet: dat heb ik ook gedaan. Toen ik leiding gaf aan de divisie financiële dienstverlening van onze firma, onze grootste activiteit, probeerden we op gegeven moment een grote investmentbank als klant binnen te halen. Ik wist dat ons dat alleen zou lukken als we de president van de Australische activiteit van die bank persoonlijk te spreken konden krijgen. De bank zou binnenkort een beslissing nemen. Ik deed al het mogelijke om een ont-moeting met hem te regelen: ik stelde mijn agenda volledig be-schikbaar; ik belde zijn secretaresse herhaaldelijk.

'Sorry' was haar reactie: de komende weken was hij volledig bezet als hij op kantoor was. Als ik wachtte totdat hij een gaatje in zijn agenda kreeg, dan haalden wij die klant niet binnen – zoveel was zeker.

Ik belde zijn secretaresse terug. Omdat ik haar al zo vaak aan de lijn had gehad, was er een zekere verstandhouding gegroeid. Dus besloot ik het te proberen: wilde ze me misschien vertellen over zijn reisplannen de komende tijd? Hij was nogal veel op pad en grote delen van de dag onderweg. Ergens in die reistijd moest hij toch zeker nog tijd hebben? Ze vertelde me dat hij twee dagen later van Sydney naar Melbourne zou vliegen. Tijdens die vlucht had hij geen afspraak.

'Perfect,' zei ik.

Ik vroeg haar om zijn stoelnummer op die vlucht. Ze vertelde het me. Ik belde de luchtvaartmaatschappij, boekte de kortste lang-ste zakenreis van mijn leven en reserveerde de stoel in de eerste klas naast die van hem. Die nacht pakte ik wat spullen bij elkaar, nam een douche, scheerde me, en de volgende dag vloog ik de 22 uur die het kost om van New York naar Sydney te komen, stapte over op de vlucht van anderhalf uur naar Melbourne, ging zitten, en stelde mezelf voor aan de bankier voor wie ik de halve wereld over was gevlogen. Toen ik hem vertelde wat ik had gedaan om hem te spreken te krijgen, was hij sprakeloos. Ik vroeg hem me toe te staan, hem uit te leggen waarom ik vond dat wij de firma waren om de controle van hun boeken te doen. Anderhalf uur later land-den we. Ik gaf hem een exemplaar van onze presentatie, schudde hem de hand en liep naar een andere gate voor mijn vlucht van meer dan twintig uur terug naar huis.

Ze kozen ons.

Jaren later, toen ik eenmaal was benoemd tot chairman en CEO, had ik het gevoel dat ik een van de meest bevoorrechte posities in het Amerikaanse bedrijfsleven had. Als de accountant van kolossen van bedrijven – Citigroup, General Electric, Pfizer en Motorola, om er maar een paar te noemen – kon ik deelnemen aan hun bestuursvergaderingen en kwam ik in contact met enkele van de meest indrukwekkende mensen in het land. Ik hoorde van hen hoe zij dachten dat de wereldeconomie zich de komende tijd zou ontwikkelen. Ik ging mezelf beschouwen als één van hen – en zeker één van hun bewonderaars. Topmanagers als Warren Buffett (Berkshire Hathaway), Sandy Weill (Citigroup), Jeff Immelt (GE), Stan O'Neal (Merrill Lynch) en tal van anderen. In de lente van 2005 was ik een van de vijftig CEO's die door President Bush werden uitgenodigd voor een rondetafelgesprek in het Witte Huis over het bedrijfsleven.

Ik had toch zeker de mooiste baan ter wereld?!

Maar natuurlijk – de baan van CEO, met al die ongelooflijke privileges die er natuurlijk bij horen, was ook heel zwaar. Genadeloos. Je stond voortdurend onder druk. En er kwam geen einde aan. In mijn agenda stonden altijd al afspraken voor over anderhalf jaar. Ik opereerde op een niveau van honderd mijl per uur. Ik werkte non-stop. In het weekend. Tot laat in de avond. Ik miste zowat ieder evenement op de school van mijn jongste dochter. Mijn jaarlijkse reisschema kwam gemiddeld uit op honderdvijftigduizend mijl. En dat is een conservatieve schatting. In de eerste tien jaar van mijn huwelijk, toen ik carrière maakte bij KPMG, gingen Corinne en ik bijna nooit op vakantie. Daarna zaten onze vakanties vaak vast aan de bedrijfsuitjes waar ik bij moest zijn. Toen we nog in San Francisco woonden is er een jaar geweest waarin onze grootste klant, die in New York is gevestigd, al mijn aandacht opeiste. Ik woonde negen maanden lang in New York en kwam alleen in de weekenden terug naar de westkust om bij mijn gezin te zijn. In de laatste tien jaar bij mijn firma ben ik er echter wel in geslaagd om zo af en toe door de week met mijn vrouw te lunchen.

Twee keer.

Zo is het niet altijd geweest. *Ik* ben niet altijd zo geweest. Na mijn eerste jaar business school werkte ik in de zomer bij een firma op Wall Street, maar ik wist dat ik niet bereid was om mijn hele leven op te geven voor mijn werk. Ik wilde een balans tussen mijn werk en mijn privéleven. Dat had ik altijd gewild. Aan het eind van die zomer kreeg ik een baan aangeboden bij een van de vooraanstaande managementadviesbureaus. Corinne en ik bespraken het aanbod. Zij en ik en Marianne – Corinne's jonge dochter waar ik meteen dol op was en die ik als mijn eigen dochter had geadopteerd – namen toen onze eerste grote beslissing als gezin. Als ik die baan nam, dan lag er later veel, heel veel geld voor ons in het verschiet. Maar dan zou ik wel altijd onderweg zijn, onmogelijke uren maken en het grootste deel van mijn leven niet bij mijn vrouw en mijn kind zijn. Het alternatief was om weer terug te gaan naar de baan in de accounting die ik de twee jaren daarvoor bij Peat Marwick had gehad. Dat betekende weliswaar minder geld en minder opwinding, maar meer tijd met het gezin. Meer balans in mijn leven. Ik heb altijd een 'renaissance man' – een universalist – willen zijn. Iets af weten van wijn en opera, boeken lezen. Ik houd van sport en wilde ook fysiek actief zijn, of in elk geval wat tijd in de natuur doorbrengen. Ik zag mezelf als iemand die nieuwsgierig is, en die zoveel mogelijk wil leren. Kortom, ik was er niet op uit om CEO te worden.

Ik werd weer accountant.

Na een kwart eeuw bij mijn firma kwam ik echter toch in de toppositie terecht. Mijn leven veranderde. De balans verdween uit mijn leven. De spontaniteit ging verloren. Vergeet het maar dat je er even tussenuit kon knijpen voor de late voorstelling van *The Rocky Horror Picture Show*, zoals Corinne, Marianne en ik ooit konden in San Francisco. Ons abonnement op de opera bleef vaak onbenut. Mijn nieuwsbrieven over wijn bleven ongelezen – of ik bladerde ze even door terwijl ik allerlei andere dingen ernaast deed, als ware meester in 'multitasking'. Mijn werk slokte al mijn aandacht op. Ik was inmiddels beroepshalve verantwoordelijk voor duizenden mensen. Ooit was de 'balans': veel werk en weinig spel. Nu was er van 'balans' helemaal geen sprake meer.

Maar voordat het nu lijkt alsof ik me beklaag, moet ik eerlijk zijn: zolang ik dacht dat ik zo'n zware baan aankon, wilde ik hem ook. En zolang ik hem wilde, zou ik nooit met minder genoegen hebben genomen. Hoeveel ik ook van mijn gezin hield, en hoezeer ik hun ook was toegewijd – toen ik eenmaal een bepaalde mate van ervaring en succes had opgebouwd, kon ik me niet langer tevredenstellen met een baan enkel en alleen omdat ik dan zeker wist dat ik om zes uur thuis was en ook de vergaderingen van de oudercommissie op de school van de kinderen kon bijwonen. Een toppositie is niet iets waar je naartoe 'slentert' – daar word je toe gedreven.

Een toevluchtsoord in dit intense leven was golfen. Golfen is al mijn leven lang mijn grote passie. Ik heb zelden of nooit een slechte dag gehad op de golfbaan. Ik vind golfen zo'n geweldige sport omdat er zoveel bij komt kijken: eer, persoonlijke verantwoording, precisie, mentale discipline, volharding. Natuurlijk ben je ook fysiek bezig. Maar volgens mij heb je dit spel niet begrepen als je denkt dat talent de belangrijkste club in je tas is. Een van de privileges die ik als CEO heb genoten, was dat ik een keer een rondje over de golfbaan mocht met PGA-ster Raymond Floyd. Het makkelijkste aspect voor de topgolfer, vertelde hij me, was de fysieke voorbereiding op een toernooi. De ware uitdaging was om de volstrekte rust in je hoofd tot stand te brengen die je nodig had om de bal goed te slaan. En dat bovendien slag na slag, dag in dag uit, iedere week opnieuw.

Ik heb mezelf nooit een goede golfer gevonden – met een handicap van 15 vond ik mezelf middelmatig. Op mijn beste dag zou ik mezelf misschien 'vaardig' hebben durven noemen. Maar mijn niveau was niet belangrijk. Het golfen heeft me geweldige vrienden en ervaringen opgeleverd. (En aangezien er in Amerika zoveel op en rond de fairways, zankbanken en greens wordt genetwerkt, bracht het me ook goede zaken.) Net als vele topmanagers had ik het voorrecht om op enkele van 's werelds beste golfbanen te spelen. (Toen ik eenmaal chairman was geworden, bleef er nauwelijks tijd over om waar dan ook een balletje te slaan.)

Ik vond golfen vooral geweldig omdat Corinne en ik dan samen tijd met elkaar konden doorbrengen. We vonden het vooral geweldig om aan het eind van de dag naar de golfbaan te gaan. Dan was het er minder druk. De zon stond laag, de schaduwen werden langer, en de bomen rond iedere hole zagen er indrukwekkender en mooier uit. Het was een wondermooi tijdstip van de dag om te golfen. Als we tegen het einde van de dag op de golfbaan stonden, dan leek het wel alsof we door iets werden geraakt. Onze zintuigen waren extra scherp. Het was alsof we niet alleen golften maar het daglicht najoegen, zoveel tijd probeerden te pakken als we maar konden.

Begin mei 2005 speelden Corinne en ik een rondje golf. Ik ging goed van start. Bij de achtste hole legde ik de bal op de tee, sloeg af – en de bal ging ver naar rechts. Ik bedoel niet dat ik hem 'slicete' – zoals bijna iedere golfspeler heb ik door de jaren zo mijn problemen gehad met 'slicen' en 'hooken'. Dat was het niet. De bal ging kaarsrecht maar kwam ver rechts van de hole uit, alsof ik van meet af aan de verkeerde richting had gekozen, alsof ik op iets anders dan die hole had gemikt.

Vanaf dat moment ging mijn spel bergafwaarts. We maakten het rondje nog wel af maar Corinne zei na afloop dat ze vond dat ik er bleek uitzag.

$\backsim$

Ik was gewend om op topsnelheid te opereren. De lente van 2005 was nog hectischer dan gebruikelijk.

Niet alleen voor mij maar ook voor ons gezin. We hadden kort daarvoor ons huis in een van die charmante wijken aan de oostkant van Manhattan verkocht, en Corinne zocht tussen de bedrijven van inpakken en regelen van de verhuizing door naar een nieuw appartement. Gina, na een half jaar eindelijk herstellend van Pfeiffer, was op school een wetenschapsproject met de titel 'De blauwe ringen des doods' aan het afronden – over een computermodulatie van de verdedigingsmechanismen van de blauw geringde octopus. Natuurlijk was ik weer eens op reis, zodat ik de presentaties op haar school miste. Maar we wisten: nog een paar weken de tanden op elkaar en dan is het zomervakantie. Dan wachtte ons drieën die zeldzame vakantie waar we al zolang naar uitkeken – twee weken op Hawaii. (Marianne, die een druk leven leidde in Napa, had net vakantie gehad met haar man en twee jonge kinderen.)

Voordat ik op adem kon komen, had ik echter nog veel te doen. Ik moest naar Sjanghai voor een Economic Forum waar topmensen uit de zakenwereld van over de hele wereld op af zouden komen. In China zou ik ook een kijkje nemen bij onze lokale praktijk en tijd inruimen voor overleg met de lokale leiding van KPMG.

Op weg naar China stapte ik af in Fort Worth om Robert Bass van Bass Brothers, een oude cliënt van ons, te ontmoeten. In de vier dagen erna vloog ik naar Denver, Washington, Montreal en San Francisco voor vergaderingen. In Californië hadden we een familiebijeenkomst voor de bruiloft van mijn nicht. Op gegeven moment tijdens het oefendiner keek Corinne me met een vreemde blik aan en voelde met haar hand aan mijn gezicht.

'Hij is ingevallen,' zei ze, terwijl ze mijn rechterwang aanraakte. Ik voelde niets ongewoons. Later zag ik het ook in de spiegel, maar alleen omdat ik erop gespitst was. Het zag er wat mij betrof uit alsof ik naar de tandarts was geweest, en de verdoving was nog niet helemaal uitgewerkt.

We raakten niet in paniek. Dat hele weekend zag Corinne dat mijn mond zo af en toe strak trok. En de spieren in mijn rechterwang bleven ingezakt. Enkele andere gasten merkten het ook, maar alleen nadat Corinne hen erop had gewezen. Zij dacht dat het door stress kwam. Of misschien had ik de aangezichtsverlamming van Bell; daarvan lazen we op internet dat het een van de meest voorkomende zenuwaandoeningen was, en veroorzaakt kon worden door een virus. Wij dachten dat het misschien kwam door vermoeidheid, zoals ook je spieren kunnen gaan trillen als je over-werkt en oververmoeid bent.

Corinne wilde dat ik naar een arts ging, maar mijn reis naar China kwam eraan. Ik liet me wel onderzoeken als ik weer terug was. Tijdens mijn reis in het buitenland dacht ik er verder niet over na. Ik had er geen tijd voor.

De week daarop reisde ik terug via Seattle, waar de jaarlijkse CEO Summit van Microsoft werd gehouden – een spierballenbij-eenkomst met meer dan honderd CEO's. Warren Buffett, de top-man van Berkshire Hathaway en waarschijnlijk de slimste beleg-ger ter wereld, gaf niet alleen ongekende staaltjes gortdroge hu-mor ten beste maar verbaasde me ook met zijn grote kennis over mijn vak. Bij alles wat hij zei over de grote thema's in de accoun-ting bleek steeds weer dat hij ongelooflijk goed geïnformeerd was. Steve Ballmer, de CEO van Microsoft, gaf zijn gebruikelijke ener-gieke presentatie ten beste.

Als ik al tijd had gehad om erover na te denken hoe mijn leven ervoor stond (*als* ik er de tijd voor had gehad), dan vond ik dat al die dagen ondanks alle drukte en grote druk goed verliepen. Nog even, en dan zaten we in het Paradijs – lees: Hawaii.

Weer terug in New York had ik nog steeds die slappe spier in mijn wang en mijn mondhoek. Ik besloot de week daarna naar een neuroloog te gaan.

Het weekend voorafgaand aan dat consult hadden Corinne en ik een oude cliënt en zijn vrouw bij ons te gast. Zij waren door de jaren goede vrienden van ons geworden. Aan tafel vertelde ik en-thousiast wat ik op mijn zakenreis had meegemaakt, en we be-spraken hoe belangrijk China en India aan het worden waren voor de wereldeconomie. Na het eten gingen we naar Madison Square

Garden. We hadden kaartjes voor het concert van U2. Dat was het meest lawaaierige concert dat we allevier ooit hadden meegemaakt. Na vier nummers kwam – schoot, beter gezegd – Corinne opeens uit haar stoel.

'Wat is er?' schreeuwde ik naar haar, in een poging om boven het lawaai uit te komen.

'Ik heb het gevoel dat onze hele wereld op het punt staat uit elkaar te spatten,' schreeuwde ze terug.

Ik dacht even dat ze het had over het lawaai van het concert.

Buiten in de gang, waar we elkaar weer konden horen, zei ze me dat ze ontzettend haar best deed om zich op Bono en het optreden van de band te concentreren. Maar dat lukte gewoon niet. Ze was overweldigd door een angstig voorgevoel en ongerustheid. Het leek opeens alsof het leven dat we kenden op het punt stond uit elkaar te vallen. Ze zei dat het voelde alsof ze geen andere keus had gehad en wel in beweging moest komen. Ze was opgestaan uit haar stoel alsof ze daar zelf totaal geen controle over had. Zoiets had ze nog nooit eerder in haar leven meegemaakt, zei ze.

Het was niet eerste keer in ons leven samen dat zij een signaal had opgevangen dat ik had uitgebannen.

Ik zei tegen haar dat er niets aan de hand was en dat ze geen reden had om ongerust te zijn. Toen gingen we terug naar onze vrienden en Bono. Ik werd dermate afgeleid door de stress in mijn leven dat ik gewoon niet besefte dat ik Corinne helemaal niet gerust had gesteld.

Alsof ik dat had gekund.

❧

Toen Corinne en ik op dinsdag 24 mei in de praktijk kwamen van de neuroloog in het Cornell Medical Center waren we er allebei van overtuigd dat ik een of andere aandoening had die door stress werd veroorzaakt, waarschijnlijk de aangezichtsverlamming van Bell. Zo vreemd was het niet om dat te denken. Per slot van rekening was mijn werk één en al stress, de afgelopen maanden en weken nog meer dan anders. Ik had meer gereisd dan anders. Onze thuissituatie was ongewis – we zaten nu tussen twee woningen in en hadden de afgelopen dagen doorgebracht in een hotel in midtown. Het lag voor de hand om te denken dat de spanning me ten slotte teveel was geworden, ook al had ik er altijd zo ontzettend veel energie uit geput.

Onze afspraak was aan het eind van de middag zodat mijn programma voor die dag er niet al te veel onder te lijden had. Op weg naar de neuroloog dacht ik onwillekeurig hoe geweldig het zou zijn om op dat moment op de golfbaan te staan, op dit tussenmoment van de dag, het fletse licht dat we daar zouden vinden, de rust. Ik lachte bij de gedachte dat het een paar weken later zover zou zijn. Corinne, Gina en ik op Hawaï. Met wat voor stress ik dan ook te maken had – die zou dan in elk geval afnemen, althans tijdelijk.

De neuroloog stelde me enkele vragen en voerde vervolgens een routine-onderzoek uit – althans, zo kwam hem op mij over. Ze tikte tegen mijn knieën om mijn reflexen te testen, onderzocht mijn ogen, vergeleek de kracht in mijn rechterarm met die in mijn linker, en vroeg me om een rechte lijn te lopen.

Ze vroeg me meteen de volgende ochtend vroeg terug te komen voor een MRI-scan.

Als zakenman stel ik efficiënt en doortastend handelen van nature erg op prijs. Dit was echter een van die momenten waarop doortastendheid me niet vrolijk maakte. Ik besefte dat met voorrang een MRI-scan krijgen niet bepaald een wenselijk soort privilege is. Als de arts werkelijk had gedacht dat mijn ingevallen wang en rechtergezichtshelft werden veroorzaakt door de aangezichtsverlamming van Bell of iets anders wat niet al te ernstig was, dan hoefde die diagnose niet op stel en sprong bevestigd te worden en kon ik gewoon mijn beurt afwachten. Een week, of nog langer.

Als een arts je om half zes op dinsdagmiddag vertelt dat ze meteen de volgende ochtend om acht uur een MRI-scan voor je regelt, dan ga je denken dat er iets ernstigers aan de hand kan zijn. Iets veel ernstigers. Ik dacht daar echter niet al te lang over na, en Corinne volgens mij ook niet. Toen we het die avond bespraken, zei zij dat ze dacht dat de arts gewoon enkele mogelijkheden wilde uitsluiten om zeker van haar zaak te kunnen zijn.

De volgende ochtend liet ik de MRI-scan maken en ging meteen door naar kantoor voor een bijzonder belangrijke bestuursvergadering. Enkele uren later belde de neuroloog naar mijn kantoor. Mijn secretaresse, Caryn, gaf het bericht door aan Corinne. Toen zij de arts terugbelde, aarzelde die om de uitkomsten van het onderzoek met iemand anders dan mijzelf te delen. Maar Corinne haalde haar over.

'We hebben iets gevonden,' zei de arts. Dat iets zat in de hersenen. Ze wilde een tweede MRI-scan laten maken, dit keer met contrastvloeistof om een beter beeld te kunnen krijgen.

De volgende dag gingen Corinne en ik samen naar het ziekenhuis voor mijn tweede MRI-scan. Als dit een normaal uitje was geweest, dan had ik Corinne honderduit gevraagd over wat zij dacht dat ons te wachten stond. Ik heb nooit van verrassingen gehouden. Ik heb altijd vooraf willen weten waar ik me in begaf.

Maar op weg naar het ziekenhuis vroeg ik haar niets.Nadat de MRI-scan was gemaakt, ging ik weer aan het werk.

Die avond belde de arts. Ze vroeg me de volgende dag langs te komen, zodat ze me kon vertellen wat er uit het onderzoek was gekomen. Ik had een bijzonder drukke dag voor de boeg, waaronder bestuursvergaderingen. Kon het alsjeblieft niet wachten tot overmorgen?

'Nee,' zei de arts. Dit duldde geen uitstel. Nog niet één dag.

Die volgende dag zaten Corinne en ik weer bij de neuroloog. Ze klemde de foto's van de MRI-scan van mijn hersenen op de lichtbak. Voordat ze nog maar iets had gezegd, of had benoemd wat we zagen, flitste een gedachte door mijn hoofd: Star Wars.

Vergeleken met de smetteloze rechterhelft van mijn hersenen zag de linkerhelft eruit als een soort melkwegstelsel, een wirwar van punten van verschillende omvang. Het leek wel de ruimte. De punten waren met elkaar verbonden door lijnen – sommige scherp, andere vaag, maar het waren er vooral zo ontzettend veel. Als accountant was ik erop getraind om me te verdiepen in wat ik zag en dan vandaaruit een aanvalsplan op te stellen – een georganiseerd, methodisch, helder plan. Maar toen ik naar die MRI-scan keek, kon ik me zelfs niet bij benadering voorstellen dat een arts, hoe briljant ook, een manier zou weten te bedenken om die uitgedijde constellatie aan sprieterige materie aan te pakken. Waar begon het? Waar hield het op? Ik zag alleen maar dichte sterrennevels.

Star Wars.

Corinne zei later dat het haar deed denken aan een soort monster van Loch Ness dat zich door de linkerhelft van mijn hersenen slingerde.

De neuroloog vertelde dat ze nog niet met zekerheid kon zeggen wat ik had, maar dat ze vermoedde dat het een astrocytoom of glioblastoom was. Mijn gliacellen, waar de hersenen er meer dan een biljoen van hebben, waren kwaadaardig. Er zaten drie multi-centrische tumoren, elk zo groot als – hoe kon het ook anders? – een golfbal. Ze waren met elkaar verbonden en heel democratisch verspreid: één in de frontale cortex (die je emoties en besluitvorming reguleert), één in de motorische cortex in het midden, en één in de visuele cortex, in het hoofd.

Onze neuroloog regelde vervolgens meteen afspraken voor de volgende dag bij twee van de beste neurochirurgen in heel Amerika. Ze kwam zo bemoedigend over dat we bijna dachten dat het misschien toch nog kon meevallen.

Ik denk dat ik me toen nog steeds niet echt realiseerde wat ik te horen had gekregen. Toen we die avond weer 'thuis' waren in ons hotel, zei Corinne dat ze het gevoel had dat we ons, voor het eerst in al die jaren dat we bij elkaar waren, hadden laten overrompelen. Wij waren er altijd zo trots op dat we samen als team optrokken, dat we altijd wisten te anticiperen, dat we de problemen die op ons afkwamen de maat wisten te nemen en er iets op wisten te bedenken om de schade zoveel mogelijk te beperken en er het beste van te maken. Door elkaar aan te vullen, door heel scherp te luisteren op de manier die elk van ons goed verstond, waren wij erin geslaagd samen een goed leven op te bouwen en echt grote problemen te vermijden.

Maar dit keer niet.

'Al die plannen die we hadden voor ons leven – het gaat allemaal niet gebeuren,' zei Corinne, hevig geschokt.

Ze haalde diep adem. In een crisis was ze op haar scherpst.

'Ik wil niet op gegeven ogenblik terugkijken,' zei ze toen, 'en er dan spijt van moeten hebben dat we zelfs maar een moment verspild hebben.'

In al die jaren dat we bij elkaar waren, hadden we wel vaker besproken dat ieder van ons – iedereen eigenlijk – de innerlijke kracht moest zien te ontwikkelen om zijn eigen dood onder ogen te kunnen zien. Niet om formeel te accepteren dat er zoiets bestaat als de dood, maar werkelijk moeite doen om je dood onder ogen te zien. Als je dat niet doet, dan kan het je zwaar komen te staan.

'Ik denk dat je daar maar beter aan kunt gaan werken,' zei Corinne later, op een rustig moment. 'Je tijd is gekomen, en je krijgt geen hele fase in je leven om je erop voor te bereiden.'

Ze zei alleen maar wat ik dacht. 'Ik wil me niet te snel voorbereiden,' zei ik. 'Misschien vinden de engelen dan dat ik er *kennelijk* klaar voor ben, en dan halen ze me te vroeg.'

Mijn dagen als een man die op de top van zijn kunnen opereert, die sterk en productief is, waren voorbij. Zomaar opeens.

∽

Wauw.

Is het überhaupt mogelijk om je op zoiets plotselings voor te bereiden? Dat die voortdurend weggestopte angst die in ons allemaal zit – dat je in theorie elk moment een ramp kan overkomen – opeens binnen een paar dagen of momenten gewoon keiharde werkelijkheid wordt? Meemaken dat die angst die je soms – en zelfs meestal doorlopend – weet te onderdrukken opeens explodeert in een nieuwe situatie die je nog niet één seconde kunt ontkennen?

Iedere verdere discussie was nutteloos. Er was me nog niet verteld hoeveel tijd ik nog had, maar het leek alsof ik de laatste fase van mijn leven was in geslingerd, de fase waarin ik de wijze man zou moeten zijn – voor mijn dochters, mijn kleinkinderen, degenen die jonger waren dan ik. Maar ik had een essentieel deel van mijn leven gemist, en moest nog veel leren.

Maar daar stond ik. Als ik er ook maar enigszins wilde zijn voor mijn dochters, vooral voor Gina, en voor mijn vrienden en collega's, en voor Corinne, op wiens buitengewone wijsheid ik al zolang vertrouwde, dan kon ik maar beter wennen aan de situatie waarin ik me nu bevond. En snel ook.

De volgende dag spraken we de beide neurochirurgen. De eerste raadde ons aan om onmiddellijk te opereren. 'Debulking' noemde hij dat: de grootste tumor kleiner maken en de druk op de hersenen enigszins te verlichten (hoewel ik geen pijn had). Hij kon me niet zeggen of dat me 'meer tijd' zou geven. Zoals gezegd, hadden we mijn vooruitzichten nog helemaal niet besproken. Op dat moment wilde ik het ook niet weten. Het zou me ongeveer een maand kosten, zei hij, om van die operatie te herstellen. Daarna zou op gegeven moment met de bestraling kunnen worden begonnen.

Zijn verhaal was moeilijk te verteren. Toch vond ik dat nog niet eens het allermoeilijkste.

Dat was vooral die medelevende blik waarmee hij Corinne en mij aankeek. Die blik was duidelijk door en door gemeend. Het is het soort medeleven dat je niet van een arts wilt krijgen.

Op dat moment, meer dan enig ander, begon werkelijk tot me door te dringen wat er met me aan de hand was. Ik verkeerde in een schoktoestand – vermoedelijk besefte ik dat op dat moment niet eens – en dat zou nog minstens enkele dagen zo blijven. Maar het begon langzaam tot me door te dringen dat dit werkelijk aan het gebeuren was. Met mij.

Die middag, toen Corinne en ik in de wachtkamer zaten bij de tweede neurochirurg van wereldklasse die we die dag zouden zien, begon het me te duizelen. Ik keek haar aan en zei het eerste wat in me opkwam.

'Het spijt me.' Ze keek me aan. Zij was ook in een schoktoestand. Ze hoefde niets te zeggen. Waarschijnlijk had ik ook niets hoeven zeggen. Zo was het altijd tussen ons geweest, vanaf onze allereerste ontmoeting. Van meet af aan was zij altijd mijn ware vertrouweling geweest. En na dertig jaar was dat nog steeds onze band. Verdere uitwijding was niet nodig.

De tweede neurochirurg was een jongeman die zich had gespecialiseerd in het in kaart brengen van de hersenen. Hij stelde een meer behoudende behandeling voor. 'Debulking is hersenchirurgie,' zei hij. 'Dat kost minstens een maand om van te herstellen.' In plaats daarvan stelde hij voor om een biopsie van de tumor te nemen. Die ingreep duurde ongeveer twee uur, schatte hij.

Hij had iets – zijn jeugdigheid, de voorzichtige aanpak die hij voorstelde, een directheid die mij lag – wat me hoopvol stemde, ook al had ik daar geen reden toe.

Marianne vloog over vanuit Californië. Gina zou naar Kentucky gaan voor een internationale scholenwedstrijd in strategisch denken, maar wilde niet meer. Ik vroeg haar om toch te gaan. Voor mij, maar in werkelijkheid voor haar. Ik wist wat voor een geweldige kans het was, een kans om haar opmerkelijke talent te gebruiken en te laten zien. Zo'n kans krijg je niet snel opnieuw, dacht ik. Zij voelde zich verscheurd, maar ik bleef op haar inpraten om toch te gaan. Ik smeekte haar zowat.

Ze ging. En belde geregeld om te vragen hoe het met me was.

Op woensdag 1 juni duurde de biopsie van twee uur in werkelijkheid drie uur. Halverwege de ingreep kwam de chirurg naar de wachtkamer (heb ik later gehoord) om Corinne te vertellen dat het allereerste stukje weefsel dat hij uit mijn hersenen had gehaald 'necrotisch' was – dood. Niet stervend, maar al dood.

De tumoren, zou hij later zeggen, waren inoperabel.

Dat is een eufemisme voor: het ziet er niet goed uit.

Toen ik van de narcose lag bij te komen, vroeg Corinne de chirurg hoe het zat met onze aanstaande vakantie op Hawaï. 'Als je gaat, dan komt hij niet meer terug,' was het antwoord.

Later, toen ik weer bij was gekomen en de arts mij en Corinne samen kon spreken, stelde hij bestraling voor. Dat zou me enkele maanden extra kunnen geven bovenop wat ik nog te leven had. Genezing was uitgesloten, zei hij. 'Dit is terminaal. Hier kom je niet overheen.'

Wij vroegen of chemotherapie een optie was.

'Chemotherapie levert misschien wat extra tijd op,' zei hij. Chemotherapie kan een zinvolle behandeling tegen kanker zijn, en heel zinvol voor mensen met een vorm van kanker waar je van kunt herstellen. Maar dit was anders. Desondanks stelde hij (en andere artsen ook) voor dat ik chemotherapie zou nemen. Het leverde me misschien wat meer tijd op – net als met bestraling – wanneer die drie tumoren ter grootte van een golfbal door hetzij de ene dan wel de andere kuur kleiner werden. Chemotherapie had bij mijn ziekte – glioblastoma multiforme heette het – echter vooral zin als de ziekte in een vroeg stadium werd geconstateerd. Dan had de patiënt een redelijke kans nog anderhalf jaar te leven. De meesten (ongeveer tachtig procent) hadden nog ongeveer een half jaar te leven. Het was niet bepaald een klokvormige kromme.

Ik zat echter niet eens in die *tweede* groep. Ik mocht op hoogstens drie maanden rekenen, zelfs al sloeg de behandeling aan. Ik begon al slechter te zien. Ik wist niet wanneer de symptomen precies waren begonnen. Corinne en ik dachten erover na maar we konden ons geen eerdere signalen herinneren. Caryn, mijn assistente, herinnerde me eraan dat ik in de afgelopen maanden een paar keer hoofdpijn had gehad – geen zware hoofdpijn, en met een aspirientje was het al weg – maar ik had nog nooit eerder hoofdpijn gehad. Bij mij was de ziekte zeker niet in een vroeg stadium ontdekt. Misschien had ik er nooit op gelet omdat ik altijd op topsnelheid had geleefd en nooit eens even gas terug had genomen.

Eén goed bericht was er wel, daar waren alle artsen het over eens: niet alleen had ik op dat moment geen pijn (iets wat ik kon bevestigen), maar ik zou ook geen pijn krijgen, zelfs niet helemaal aan het eind. Ik zou vermoedelijk rustig wegzakken in een coma.

Een week eerder leefde ik met volle teugen. Nu moest ik mijn dood onder ogen zien.

Toen de biopsie was genomen, gingen Corinne en ik terug naar de eerste chirurg, degene die meteen had willen opereren (de meer drastische aanpak). We wilden hem bijpraten over mijn conditie, hem vragen of hij nog nieuwe ideeën had, en van hem horen of hij nog steeds een voorstander was van 'debulking' (de tumor kleiner maken). Nadat hij de nieuwe foto's had bekeken, zei hij: 'Het is al zover gevorderd dat we zelfs dat niet meer kunnen doen.'

De ziekte bepaalde nu mijn topsnelheid. En net als ik nam hij geen gas terug.

Sterven is hard werken

Als wij voor de momenten zorgen, dan zorgen de jaren wel voor zichzelf.
  – Maria Edgeworth

Thuis leek Gina me te ontwijken. Ze wist zich niet echt een houding te geven. Dat was op zich niet vreemd: zij was pas dertien en haar altijd zo gezonde en actieve vader had nu een hoofd vol met nietjes na die biopsie. Haar grote zus Marianne – zelf al twee keer moeder en met meer ervaring in de rommelige kant van het leven – liet zien hoe het moest. Toen ze me zag, sloeg ze onmiddellijk haar armen om me heen. Daarmee stelde ze Gina vermoedelijk in staat om dat ook te doen en te wennen aan de situatie: ziekte, wonden, onzekerheid.

Die allereerste surrealistische dagen en nachten waren met ons vieren alleen in ons nieuwe appartement. Er ontwikkelde zich een ritme waar we op de een of andere manier wat troost in vonden. We steunden elkaar allemaal. Marianne en Gina brachten veel tijd met elkaar door, keken naar films en praatten. Van een vast dag- en nachtritme was geen sprake meer. We vielen allemaal op een ander moment van de avond uitgeput inslaap. Gina en ik vonden elkaar vaak midden in de nacht. Zij hoorde me huilen. Ik klom bij haar in bed. Of ik ging naar mijn bureau om de eerste aantekeningen te maken voor wat uiteindelijk dit boek is geworden, en dan kwam ze naast me zitten. Soms las ze me gedichten voor. Ik had haar altijd gedichtenbundels gegeven, waaronder ook de bundel die ik zelf als kind had gehad. Ik heb persoonlijk geen aanleg voor het begrijpen van poëzie. Ik ben daar niet voor gemaakt. Zij wel. Zij schreef gedichten, en ze las ze. Ik vond altijd al dat zij het beste van haar moeder en van mij in zich had. Toch verbaasde het me dat iemand die uit mij voortkwam en uit Corinne – die ik beter dan wie ook ter wereld kende – iemand kon zijn die ik me nooit had kunnen voorstellen.

Op een nacht pakte ze 'Death, Be Not Proud' van John Donne.

Death, be not proud, though some have called thee
Mighty and dreadful, for thou art not so

(Wees niet zo trots, oh Dood, ook al vinden sommigen je
Machtig en vreselijk, want dat ben je niet)

In dit gedicht wordt de dood gezien als een soort eeuwige slaap. Ik was het niet eens met de dichter. De notie van de dood als slaap druiste in tegen mijn gevoel – de hoop, maar ook de overtuiging – dat wat hierna komt een hogere graad van bewustzijn inhoudt dan slaap.

Het was ongeveer één uur in de ochtend. Op dat moment oordeelde ik niet. Ik wilde gewoon verschillende manieren van kijken verzamelen.

⌐⌐

Ik zal wel niet hoeven uit te leggen dat ik nog nooit eerder in mijn leven zo'n kolossale psychologische omslag had hoeven maken.

Er was niets wat ik ooit had meegemaakt dat er zelfs maar in de verste verte op leek. Ik vertelde al dat mijn moeder me op mijn veertiende zei dat ik passie niet moest verwarren met talent. Dat deed ze omdat ze me wilde beschermen tegen de pijn die het zou doen als ik al mijn tijd aan het honkballen besteedde – om vervolgens op gegeven moment te moeten ontdekken dat ik er duidelijk niet zo goed in was dat ik er na de middelbare school verder mee kon. Dat was weliswaar een klap geweest, maar ik paste me aan – ook al kostte me dat toen wel het grootste deel van de zomer van 1966 om aan die nieuwe realiteit te wennen.

Nu had ik geen zomer om me aan te passen. Een zomer was alles wat ik nog maar had – als ik die al kreeg. Ik moest de snelste en meest drastische kostuumwisseling van mijn leven zien te maken. Als ik de ellende van mijn conditie te boven kon komen en er op een of andere manier iets positiefs van kon maken, dan moest ik dat heel snel en efficiënt doen – en in één keer goed.

Kortom, ik moest denken zoals ik altijd had gedacht, plannen zoals ik altijd had gepland, degene zijn die ik altijd was geweest – een accountant, een zakenman, een topmanager.

Als het op de zaak tegen zat – als we bijvoorbeeld te horen kregen dat we een potentieel contract aan een concurrent hadden verloren – dan stelde ik mijn team en mezelf altijd meteen een aantal vragen:

Waarom hebben ze ons niet gekozen? Waarom wel die ander? Hebben we al het mogelijke gedaan? Echt waar? Zijn we er wel echt voor gegaan? Als we het opnieuw moesten doen, zijn er dan dingen die we op een andere manier zouden doen? Zo ja, wat dan?

Ik stelde mijn team die vragen niet op een vijandige maar op een bemoedigende toon. Zolang we maar alles uit de kast hadden gehaald, hoefden we onszelf niets te verwijten. Als we deze vragen eerlijk beantwoordden, dan wisten we zeker dat we de volgende keer beter beslagen ten ijs zouden komen. De analyse deden we snel. Daarna gingen we door en richtten ons op onze volgende kans.

Ik wist wat er met me aan de hand was. Nu moest ik snel en doordacht de juiste vragen inventariseren en er ook de goede antwoorden op zien te vinden.

Corinne had gelijk gehad: het leven dat we hadden gekend, waar we van hadden genoten, en dat we samen hadden opgebouwd, was volslagen uiteen gespat.

Samen hadden we het daglicht nagejaagd. Dat zouden we nu samen, als team, nog een allerlaatste keer doen. Dit keer zou de schemering echter niet alleen een einde maken aan één schitterende dag uit zovele, maar ook aan het schitterende leven dat wij samen hadden. De schaduwen zouden voor een allerlaatste keer lengen. Het zou voor de allerlaatste keer nacht worden. Op gegeven moment zou zij de ronde alleen moeten afmaken.

~

Ik had zelf nog nooit iemand met glioblastoma multiforme gekend. Deze ziekte, die ook te boek staat als astrocytoma IV, was een van de meest veelvoorkomende en agressieve primaire hersentumoren. Hij was buitengewoon kwaadaardig, verspreidde zich breed in de hersenen, en kon al heel groot zijn voordat de eerste symptomen zich openbaarden – bijvoorbeeld hoofdpijn, een attaque, problemen met zien, motorische stoornissen, cognitieve problemen, geheugenverlies en persoonlijkheidswisselingen. De oorzaak van de ziekte is nog steeds niet bekend.

Ik had de dood nog nooit eerder in de ogen gezien, althans niet langer dan een luttele seconde. Dat laatste was me een keer overkomen toen ik in de dertig was. Ik was voor zaken in Milaan. Op gegeven ogenblik stak ik bij een rotonde over maar besefte niet dat het verkeer ook uit een andere richting kon komen. Die kant keek ik dus ook niet op, en werd bijna geschept door een aanstormende autobus. Dat voorval joeg me de stuipen op het lijf en bracht me even van mijn stuk, en ik ben het dus nooit meer vergeten. Maar het was voor mij geen reden om de prioriteiten voor mijn leven te herzien.

Maar nu … wat moest ik nu doen? Hoe zou ons leven er vanaf nu gaan uitzien? Ik moest alles opnieuw instellen.

Ik wist dat er hoop was. En ik wist ook dat het vooral aan mij was om die hoop te vinden. Ik herinnerde me mijn goede vriend Bill, toen hij op zeven plekken een bypass had gekregen. Na drie dagen in zijn ziekenhuisbed kreeg hij van de dokter te horen dat hij 25 stappen mocht zetten. Bill deed zijn oefening 's ochtends en vroeg vervolgens of hij later die dag nog eens 25 stappen mocht zetten. Al gauw schuifelde hij vier keer per dag door de gang. Op een van die uitjes keek hij even een andere kamer binnen, waar een aantal andere hartpatiënten stil in bed lagen met allemaal slangen in hun armen. 'Zo, die zijn er een stuk slechter aan toe dan ik,' zei hij tegen de verpleegster. 'Nee, jij bent er eigenlijk veel slechter aan toe dan zij,' antwoordde zij. 'Maar zij zien zichzelf als een hartpatiënt – jij probeert beter te worden.'

Dat was de mentaliteit die ik moest hebben. Maar eerst had ik behoefte aan een andere mentale opkikker.

Op zondag wandelden Corinne en ik naar onze kerk, St. James, op de hoek van Madison Avenue en 71st Street. We waren daar door de jaren geregeld naartoe gegaan om te bidden, al was dat niet zo vaak als ik had gewild als mijn agenda het had toegelaten.

In die kerk viel er een rust over me heen waar ik behoefte aan had. Soms ging ik naar de kerk als ik zat te broeden op een lastige beslissing die ik in mijn werk moest nemen. Dan vond ik de objectiviteit die ik zocht – zowel door dat moment van serene rust in de kapel als door de hoop op goddelijke interventie die ik misschien koesterde. Om als leider goed te kunnen functioneren, had ik zo nu en dan behoefte aan rust en vrede om het juiste antwoord te kunnen vinden. Ik kon niet altijd maar inderhaast beslissingen nemen als dat betekende dat ik die beslissingen in dat geval misschien nam uit boosheid, angst of ongeduld. Natuurlijk voelde ik me soms ook vanwege mijn gezin aangetrokken tot de kerk – bijvoorbeeld toen Gina in de eerste klas een gewrichtsontsteking kreeg en een half jaar lang met krukken moest lopen. Dat jaar kwam ik vaker in de kerk. Meer recentelijk gingen Corinne en ik ernaar toe wanneer het er rustig was. Bij voorkeur op zaterdag. We zaten dan stil naast elkaar in de kapel. Daarna gingen we samen lunchen, en dan vertelden we elkaar hoe we dat hadden ervaren.

Ik had het gevoel dat ik pas echt had leren bidden toen ik al volwassen was. Als kind had ik het geleerd – ik heb een deel van mijn schooltijd op een katholieke school gezeten en was misdienaar geweest. Maar ik had geen sterke band ontwikkeld met het geloof. Pas op latere leeftijd kreeg ik voor het eerst de behoefte om te bidden.

Die dag begin juni had ik meer dan ooit behoefte om te bidden en om in een gebedshuis te zijn.

In die paar chaotische paar dagen sinds ik te horen had gekregen wat er met me aan de hand was, heb ik niet één moment gedacht: 'Waarom ik?' Zeker: het waren vreselijke weken. Maar ik had tot dan toe ontzettend veel geluk gehad in mijn leven. En zo veel mensen over de hele wereld maakten zoveel ellende mee. Het kwam niet in me op dat mij een of andere streek werd geleverd. Of dat er een reden zou moeten zijn, van kosmische of welke aard dan ook, voor het feit dat juist ik een onbehandelbare hersentumor in een laat stadium had – juist ik, van al die mensen in mijn familie en vrienden- en kennissenkring, van al die mensen die beroepshalve in een vergelijkbaar bevoorrechte positie verkeerden, van al die Amerikaanse mannen van 53 van Ierse afstamming. In mijn familie had nog nooit iemand een hersentumor gehad. Ikzelf was altijd kerngezond geweest. Sterker nog, ik was in mijn hele leven bijna nog nooit ziek geweest. Ik deed aan hardlopen, speelde golf, tenniste, rookte niet, at goed, stond iedere ochtend om half zes op en ging iedere avond om elf uur naar bed. Sommige dingen zijn nou eenmaal niet te verklaren.

Toch kreeg ik een schok toen Corinne en ik die zondag in St. James in de kerkbank gingen zitten en onze dominee vanuit het spreekgestoelte de passage uit het evangelie van die week hoorde voorlezen – de passage die op die specifieke zondag in zowat iedere christelijke kerk over de hele wereld wordt voorgelezen. Lucas XVIII.

Jezus en de tollenaar.

Corinne en ik keken elkaar aan. 'Twee mannen gingen naar de tempel om te bidden. De een was een Farizeeër, de ander een tollenaar,' las de dominee voor uit het Nieuwe Testament. 'De Farizeeër ging staan en bad bij zichzelf aldus: "O God, ik dank U dat ik niet ben als de andere mensen, rovers, oneerlijke mensen, echtbrekers, of ook als die tollenaar. Ik vast tweemaal in de week en geef tienden van al wat ik bezit." En de tollenaar bleef op een afstand staan en wilde zelfs de ogen niet naar de hemel opheffen, maar sloeg zich op de borst en zei: "O God, wees mij, zondaar, genadig!"'

Ik kon een rilling niet onderdrukken, en zelfs niet een bittere glimlach, dat de liturgische kalender van alle mogelijke preken nou juist deze opdiste.

'Het is lichter dat een kameel door het oog van een naald gaat,' las de dominee, 'dan dat een rijke het Koninkrijk Gods ingaat.'

⤳

Hoe kon ik de boel weer op de rit krijgen? Of laat ik het anders zeggen, aangezien 'de boel' nooit meer op de oude manier 'op de rit' zou komen: wat moest ik nu verder met mijn leven?

Zou ik nu, in deze situatie, iets hebben aan de vaardigheden en het optimisme waar ik als CEO zoveel aan had gehad? (Bijvoorbeeld het vermogen om na het verlies van een klant snel te herstellen zodat de firma en het team snel weer nieuw succes zouden proeven.) Deden de woorden, waarmee ik mijn collega's en medewerkers zo vaak had aangespoord, er opeens niet meer toe nu ik voor zo'n kolossale uitdaging stond? Of kon ik het aan? Zou ik de principes die ik altijd had aangehangen, en waar ik altijd naar had geleefd, nog meer kunnen bestendigen door eraan vast te houden?

Ik had altijd uitgedragen dat vasthouden aan doelen zo belangrijk was: je stelt jezelf een doel, werkt ernaar toe en haalt het. Nu we van de artsen te horen hadden gekregen hoe de zaak ervoor stond, besloot ik drie dingen te gaan doen:

1 Mijn baan opzeggen en
2 Een medische behandeling kiezen die me in staat zou stellen …
3 Om van de tijd die ik nog had de beste van mijn leven te maken, en ook zo goed mogelijk voor degenen die het meeste werden getroffen door mijn situatie.

Ik nam die beslissingen snel. Het was echter nog belangrijker dat ze ook glashelder waren, zowel voor mij als voor anderen. Ik moest me eraan houden. Ik kon me voorstellen dat anderen in vergelijkbare situatie vaak wel wisten welke koers ze moesten varen, maar niet aan hun plan durfden vast te houden. Ik wil daarmee niet suggereren dat zij zwak zijn en ik sterk. Maar ik wist gewoon dat het in mijn belang was om vast te houden aan de regels waar ik al mijn hele carrière naar had geleefd. In mijn carrière waren de helderheid van de missie, vastberadenheid en implementatie altijd van kritiek belang geweest.

Als in een oogwenk verlegde ik al mijn energie en aandacht van de prioriteiten die ik me had gesteld voor mijn firma naar nieuwe prioriteiten die ik me stelde voor de paar maanden die ik nog te leven had. Ik ben altijd een bij uitstek rationeel iemand geweest. Dat betekende dat ik altijd gericht was op bouwen en plannen voor de toekomst. Nu moest ik oog gaan krijgen voor de werkelijke waarde van het heden.

Op 8 juni, twee weken na dat allereerste en op dat moment nog zo onschuldig lijkende medisch onderzoek, vertelde ik mijn medepartners bij KPMG dat ik terugtrad als chairman en CEO. Mijn medische conditie betekende dat ik aan de volgende fase van mijn leven begon. Ik zei dat ik zou helpen met de opvolging maar daarna definitief weg zou zijn. Ik gebruikte geen woorden als 'tijdelijk' of 'even'. Ik liet de deur niet op een kier staan. Het was over en uit. Iets anders zou oneerlijk zijn geweest tegenover de firma, de nieuwe chairman en onze medewerkers. Zij moesten weten waar ze aan toe waren. Ik hoopte en verwachtte dat mijn opvolger door zou gaan met de initiatieven die ik in gang had gezet en waar de organisatie volgens mij beter van werd. De richting en de stijl, en het mandaat zelf, zouden echter van een ander zijn en niet langer van mij.

Trouwens, als ik mijn situatie werkelijk onder ogen wilde zien, dan moest ik wel erkennen dat iedere suggestie dat ik ooit nog terug zou kunnen keren een ongelooflijke vorm van zelfbedrog was: de symptomen werden al sterker.

Deed het me pijn om terug te treden? Natuurlijk. Ik was minstens evenzeer degene die ik was door mijn werk als door wat dan ook in mijn leven. Ik was 33 jaar verbonden geweest aan deze firma. Een andere organisatie kende ik niet. Toen ik er kwam werken, was de organisatie nog niet half zo groot en ging je kort daarvoor als accountant nog in kostuum en met een gleufhoed op naar je cliënt. Nu hadden we twintigduizend medewerkers.

Maar om trouw te blijven aan mijn overtuigingen, en aan datgene wat voor me lag, moest ik weg. Nu meteen. Zonder nog langer achter de coulissen te blijven dralen.

Zodra het nieuws van mijn vertrek door de persbureaus was verspreid, kreeg ik talloze briefjes en telefoontjes die allemaal hartverwarmend waren. Veel vrienden uit het bedrijfsleven belden mij of mijn kantoor om hun medeleven te betuigen en te zeggen hoe bedroefd en geschokt ze waren. De topman van een van de andere grote vier accountantskantoren reageerde buitengewoon hartelijk. Ik weet dat een dergelijke sympathie ook in andere sectoren voorkomt, maar onze beroepsgroep staat bekend om haar collegialiteit. In deze vreselijke periode, waarin de wereld die ik kende zo plotseling werd vergruisd, gaf het me bijzonder veel voldoening om te ervaren – vooral in het bedrijfsleven – dat een bepaalde saamhorigheid was blijven bestaan.

Mijn verandering van rol – van leider van de firma naar een voormalig lid van de firma – verliep snel, precies zoals ik het had gewild. (Ik bleef wel senior partner.) Al die afspraken en verplichtingen die tot zo ver vooruit in mijn agenda stonden – voor de komende weken maar ook pas voor over een half jaar – werden afgezegd of overgedragen aan anderen in de firma. Of ze zouden binnenkort worden overgenomen door de nieuwe chairman. Ik was betrokken bij de selectie van en overdracht aan de nieuwe top-man. Dat kostte ongeveer drie dagen. Ik deed alles bijna uitslui-tend per telefoon vanuit huis.

Op de tweede dag, toen ik aan de telefoon zat met een mede-bestuurslid, kreeg ik mijn eerste attaque.

↜

Ik moest er eigenlijk wel om lachen.

Het was een kleine attaque: de golf elektrische impulsen ging niet door mijn hele hersenen (zoals bij een zware attaque) maar bleef in een beperkt gebied, een neuraal netwerk. De spieren in mijn rechtergezichtshelft gingen onbeheersbaar trillen. Toen het gebeurde zat ik in bed, aan de telefoon met een bestuurslid met wie ik over mijn opvolging aan het overleggen was. Waarom ik erom moest lachen? Omdat ik alleen op die manier de trilling in mijn gezicht kon bedwingen en me verstaanbaar kon maken.

Het duurde al met al een half uur. Later belden we de arts, die de medicatie aanpaste. Drie dagen later had ik opnieuw een kleine attaque die tot trillen leidde, en weer werd de medicatie opge-voerd. Niet iedere attaque heeft te maken met de motorische cor-tex, die je spieren doet trillen. Sommige hebben te maken met de visuele of de frontale cortex. Gelukkig had ik nog geen zware atta-ques, zo een waarbij je op de grond valt en wild gaat schudden. Vaak deed ik mijn ogen dicht om het begin van een attaque in de visuele cortex te onderdrukken. Corinne zei dat mijn gezicht dan volstrekt uitdrukkingsloos werd. Dan leek het alsof ik door haar heen keek, alsof mijn geest niet langer kon worden bereikt.

Die attaque was echter niet het allereerste symptoom.

Het allereerste wat ik merkte, was dat ik slechter ging zien. Een van de tumoren drukte op de visuele cortex. Enkele dagen nadat de diagnose was gesteld, gingen mijn ogen sterk achteruit. Alles werd wazig. Ik kon niet meer genoeg zien om nog een cheque uit te schrijven. Ongeveer een derde van mijn gezichtsveld werd uitgewist, vooral rechts. Ik kon heel goed zien wat er pal voor me was, maar als ik over straat liep dan had ik bij voorkeur iemand rechts van me zodat ik niet zo gauw tegen een paal opbotste. Omdat ik mijn ogen vaak gedeeltelijk gesloten hield, moest ik bovendien extra voorzichtig zijn. Als ik de trap op- en afliep, wende ik me aan om mijn handen uit te strekken om mijn evenwicht te bewaren.

Over het geheel genomen bleef ik helder, maar soms raakte ik toch een beetje in de war. Ik moest opnieuw leren me aan te kleden. Dat kon ik alleen nog maar als ik het op een heel geordende, planmatige manier deed. Ik was net een klein kind: mijn kleren werden voor me klaar gelegd. Corinne legde mijn hemd opengevouwen op het bed, met de knopen naar beneden. Dan kon ik het hemd precies zo aantrekken als ik het vastpakte en kwam de voorkant ook uit aan de voorkant in plaats van andersom. (Corinne stopte al mijn hemden met dubbele manchetten weg; die waren te moeilijk geworden om aan te trekken.) Gaandeweg ging het me beter af, maar het bleef een opgave om iets over mijn hoofd te trekken. Het was doodvermoeiend, zelfs wanneer het me lukte. Op een keer merkte ik dat Gina in de deuropening stond te kijken hoe ik aan het worstelen was om een trui aan te trekken. Ik weet niet voor wie van ons tweeën die situatie het pijnlijkst was. Zij had haar vader altijd gekend als iemand die bedreven was in alles wat hij deed, en die snel en efficiënt op een hoog niveau functioneerde.

Haar vader zag zichzelf over het geheel genomen nog steeds zo. Voor het eerst sinds mijn prille jeugd moest ik nadenken over de meest simpele bewegingen. Ik werd me bewuster van dingen waar je je helemaal niet bewust van kunt zijn als je ze wilt kunnen doen. Ik moest mijn oude stelselmatige zelf zijn, maar nu alleen al om ongelooflijk simpele dingen voor elkaar te krijgen. Als ik een brief aan het schrijven was, stuitte ik bijvoorbeeld opeens op een woord dat ik wel kende maar niet meer correct kon spellen of uitspreken. Mijn cognitieve vermogens lieten me niet in de steek – het was iets anders, iets wat ik niet kon benoemen. Stel bijvoorbeeld dat je me zou vragen om 'misapplication' te spellen. Natuurlijk wist ik hoe dat moest ... maar toch kon ik het niet. Waarom niet?

Ik kon me ook steeds moeilijker verstaanbaar maken.

We gingen naar een beroemd arts, een legende van in de zeventig die te boek stond als de éminence grise van de neuro-oncologie. Hij gaf tegenwoordig bijna alleen nog maar college, maar zo af en toe zag hij ook nog wel eens een patiënt. Ik stelde hem de grote vraag:

Hoe lang nog?

'Je bent geen stuk statistiek,' zei hij. 'De mediaan is een jaar vanaf het moment dat de diagnose wordt gesteld.' Ik begreep, en Corinne met mij (wist ik), dat 'een jaar' in mijn geval waarschijnlijk veel te optimistisch was. Sommige mensen krijgen de symptomen eerder, en bij hen wordt de diagnose dan ook eerder gesteld.

Die avond probeerden Corinne en ik mijn gedrag en gesteldheid in de weken en maanden voorafgaand aan die verlamming in mijn gezicht te reconstrueren. Toen beseften we dat ik al langer last had van een ongewone vermoeidheid. Daar hadden we ons toen echter geen van tweeën zorgen over gemaakt. Corinne herinnerde zich ook dat ik in de tijd rond de bruiloft van mijn nicht een grote blauwe plek op mijn been had gehad. Die had ik opgelopen doordat ik op een parkeerplaats tegen een auto was aangelopen. Ik was er gewoon tegenaan gelopen. Nu had ik tenminste een goed excuus voor het feit dat ik de laatste tijd zo matig had gepresteerd op de golfbaan.

Zelf kwamen we tot de conclusie dat ik nog drie tot zes maanden te gaan had, al naargelang.

De moeite die het me kostte om me aan te kleden – of wat dan ook maar in de juiste volgorde te doen – begon ook andere dingen te beïnvloeden. Op een avond zat ik naar een wedstrijd van de Yankees te kijken en zag een ongelooflijk verre worp vanuit het buitenveld gevolgd door een spannend spel op de thuisplaat. Dat moest ik gewoon even delen met een vriend die ook dol was op honkbal. Ik belde hem en begon door de speakerphone te vertellen wat ik had gezien. Maar toen ik na ongeveer een minuut nog geen enthousiaste reactie terugkreeg, begon ik te vermoeden dat er iets mis was. Ik keek naar de telefoon en drukte de speaker-knop in, wat ik aan het begin van het gesprek vergeten was te doen.

'Hallo?' zei ik.

'Hallo Gene,' zei mijn vriend. Hij wist dat ik het was die hem probeerde te bellen, zei hij, en had gewoon gewacht totdat ik had bedacht wat ik moest doen.

'Heb je iets gehoord van wat ik heb verteld over de wedstrijd?'

'Nee,' zei. 'Je zult het nog een keer moeten vertellen.'

Ik was afgetreden als chairman. Opdracht nummer één was uitgevoerd. De firma, de leiding ervan en al onze mensen voerden de opvolging uitstekend uit. Het maakt me nog trotser op mijn firma – mijn tweede familie – dat dit zo gladjes kon verlopen zonder dat er ergens ook maar sprake was van enig verlies aan vertrouwen.

Nu moest ik me aan mijn tweede taak zetten: een medische behandeling kiezen.

Chemotherapie was in elk geval geen optie, wist ik. Chemotherapie, hadden de artsen me verteld, is een elementair onderdeel van tal, zoniet alle, behandelingen van kanker. Met chemotherapie overleef je vaak kanker. Chemotherapie behoorde ook tot het protocol voor de behandeling van mijn specifieke type kanker – maar niet met het doel te overleven. Nadat ik enkele van de allerbeste neurologen, twee neurochirurgen en een oncoloog had geraadpleegd, was ik ervan overtuigd dat ze echt wisten hoe het zat: ik zou dit niet overleven. In mijn geval zou chemotherapie mijn leven met misschien twee of drie maanden kunnen verlengen – misschien – hoewel niemand mij iets beloofde. In ruil voor die onzekerheid zou ik echter mijn lichaam vergiftigen met als gevolg dat ik veel minder van mijn leven zou genieten. Kortom: chemotherapie ging mij niet redden, en bovendien zou het me verhinderen mijn belangrijkste doel te bereiken.

Waarom ik dan toch aan een chemokuur ben begonnen?

Omdat ik die steen om wilde draaien, kijken wat er onder lag, en me vervolgens gerust voelen over mijn beslissing – mijn eigen beslissing. Ik wilde me niet verlaten op wat iemand anders me vertelde. Als ik in mijn werk een belangrijke beslissing moest nemen, dan wilde ik ook altijd alle feiten hebben zodat ik zelf mijn oordeel kon vormen. Zo ook in dit geval.

Ik stopte er na drie dagen mee. Toen begon ik de effecten van de chemicaliën te bemerken – of dacht dat ik ze begon te bemerken, wat min of meer hetzelfde is. De chemische stoffen tastten mijn lichaamsfuncties, mijn normale fysieke systemen, aan. Ik merkte het aan mijn nieren en mijn lever. Ik werd misselijk. Ik voelde me kwetsbaarder voor infectie en andere ziekten. Bovendien maakte de chemo het me ook moeilijker om me voor te stellen dat de bestraling (waar ik ook mee begonnen was) de tumoren werkelijk kleiner maakte.

'Ik word afgeleid door mijn lever en nieren,' zei ik tegen Corinne. 'Ik kan me niet meer concentreren op mijn hersentumor.'

De psychische last van de chemokuur was misschien minstens zo zwaar, en misschien nog wel zwaarder, dan de fysieke last van de uitgebreid gedocumenteerde en ingrijpende bijwerkingen ervan. Toen ik (maar dit geldt voor iedereen in zo'n situatie) met die chemokuur begon, gaf ik een groot deel van de controle over mezelf uit handen. Ik had mezelf overgegeven aan de medicijnen. De medicijnen zouden nu mijn leven sturen. De medicijnen zouden bepalen hoe mijn dagen eruit zagen. Toen ik eenmaal met de chemo was begonnen, was ik bovendien niet langer primair gericht op de kanker – en nog veel minder op mijn leven buiten de kanker – maar op andere dingen die tot dan toe geen probleem waren geweest (bijvoorbeeld hoe mijn nieren functioneerden). De accountant in me wilde zich niet laten afleiden van de allerbelangrijkste aandachtspunten, de taken waar ik me werkelijk op moest concentreren. De manager in me, die overtuigd was van het belang van strakke controle, vond het vreselijk dat ik me opeens zou laten leiden door het schema van een kuur in plaats van mijn eigen programma. En het beviel me al helemaal niet dat ik door al die geneesmiddelen, en vooral de steroïden, mijn emoties niet langer onder controle had.

Ik snap best dat je soms iets moet doen wat een tijdelijke stap terug lijkt te zijn als je een probleem wilt oplossen. In het bedrijfsleven noemen ze dat een reorganisatie. In mijn geval leek het me echter niet nuttig om allerlei andere, onnodige problemen toe te voegen aan dat ene grote probleem dat ik toch al had.

Met andere woorden, ik was mezelf aan het vergiftigen. Waarom? Het uiteindelijke resultaat zou hetzelfde zijn, maar dan een paar uur of enkele weken later. Was het werkelijk de moeite waard om mezelf zo uit te putten? En daarnaast ook de mensen waar ik van hield en/of al diegenen die tegen het einde zouden helpen voor me te zorgen? Enkel en alleen om een aflopend leven nog net iets langer te laten duren? Zeker als wat er overbleef van dat leven moeilijker, armer, futlozer – minder levenslustig – zou zijn doordat ik mezelf vergiftigde?

Ik besloot in kwaliteit te compenseren wat ik aan levensverwachting tekort kwam.

Toen ik eenmaal met de chemo gestopt was, voelde ik veel helderder wat mijn missie was. En – wat minstens zo belangrijk was – dat voelde mijn omgeving ook. Ik zou die bijwerkingen niet meer hebben. ('Bijwerking' is trouwens een eufemisme van jewelste als het gaat om bijvoorbeeld pijn in je nieren, waar je leven nog veel sterker door wordt beïnvloed dan door de kanker waar het eigenlijk allemaal om draait.) Ik snap mensen wel, en voel ook met ze mee, die in een situatie als die van mij iedere mogelijkheid aangrijpen, hoe onwaarschijnlijk of ongefundeerd ook, om hun leven te verlengen. (Misschien doen de meeste mensen dat ook wel.) Ik begrijp ook wel hoe mijn beslissing om met de chemo te stoppen kan overkomen op iemand die zelf niet in zo'n levensbedreigende situatie verkeert: alsof ik de handdoek in de ring gooide. Alsof ik eigenlijk helemaal niet nog langer wilde leven.

Ik zag dat anders. Ik hield van mijn leven. Ik wilde zo lang leven als ik maar kon. Ik had me nu ten doel gesteld om nieuwjaar 2006 nog mee te maken, hoe onwaarschijnlijk dat ook was.

Ik voelde me echter niet alleen lichamelijk beter toen ik met de chemo stopte. Het voelde ook als een bevrijding. Het gaf me een geweldig gevoel.

Meer nog dan mijn beslissing om mijn functie neer te leggen, voelde dit aan als mijn allereerste beslissing om de teugels over mijn stervensproces in eigen hand te nemen. Maar eerlijk gezegd, toen ik eenmaal had besloten om van dit laatste stadium het beste stadium van mijn leven te maken, en elk moment te kiezen voor de beste kwaliteit van leven, was de beslissing om geen chemokuur te nemen niet eens meer een gemakkelijke beslissing – het was gewoon helemaal geen beslissing meer, het was vanzelfsprekend.

~

Ik stopte dus met de chemotherapie. Met de bestraling ging ik echter wel door. Volgens de oncoloog was er een redelijke kans (overlevingsstatistieken wilde hij me niet geven) dat de tumoren kleiner werden door de bestraling, en dat de symptomen die door de groeiende tumoren en de zwelling van het weefsel eromheen werden veroorzaakt, afnamen. Zo zou ik meer tijd hebben – helder van geest en met een goed gezichtsvermogen – om de paar dingen die ik nog wilde doen voordat ik stierf ook af te maken. Het zou me ook een belangrijke mentale opkikker geven om te weten dat ik gedurende die behandeling van zes weken iedere werkdag concreet en heel duidelijk iets ondernam om de groei van de tumoren tegen te gaan, om ze te bevechten. (Met een chemokuur vecht je er natuurlijk ook tegen, maar dan vecht je ook tegen jezelf omdat je in wezen de poorten open zet waar je vijand door naar binnen kan. Het kan ontmoedigend zijn om te bedenken dat je misschien wel meer goede dan kwade dingen in jezelf aan het kapotmaken bent.) Omdat de bestraling mijn denkvermogen niet ondermijnde, had ik het gevoel dat ik me kon concentreren op de tumoren, op de poging hun groei te stoppen. Ik raakte er wel vermoeid door, maar ik had niet die akelige bijwerkingen als bij de chemotherapie. Ik was natuurlijk wel meer gebonden doordat ik zes weken lang vijf keer per week ergens moest zijn, maar dat leek me wel een goede ruil.

Waar ik niet op had gerekend was dat het bestralingsproces – niet de bestraling zelf maar het proces en alles eromheen – weer andere problemen met zich mee zou brengen. En dat die problemen me een van de eerste en meest wezenlijke lessen van mijn nieuwe leven zouden leren.

Ik werd meestal aan het eind van de namiddag bestraald. Corinne had met opzet dat tijdstip gekozen omdat de behandeling je fysiek afmat. Dan had ik een groot deel van de dag tenminste energie, totdat ik aan de beurt was. 's Avonds kreeg ik weer wat van mijn energie terug, zodat ik van ons gezamenlijke avondeten kon genieten.

Die bestraling ging als volgt.

Ik ging ernaar toe in mijn golfkleren. Die droeg ik om in een goede stemming te komen, alsof ik daadwerkelijk een rondje zou gaan spelen. Als het eenmaal mijn beurt was, dan kreeg ik iets op mijn gezicht gezet wat op het masker van een schermer leek, met een wafelachtige bedekking, die onder mijn kin werd vastgemaakt.

Vervolgens werd het hele geval, met mij erin, op een speciale tafel vastgeschroefd. (Gelukkig heb ik nooit last gehad van claustrofobie.) Maar ook al hadden ze me nog zo goed vastgebonden, ik kreeg toch de instructie om te proberen mijn hoofd niet ook maar een derde van een centimeter te bewegen. Anders zouden de geconcentreerde laserachtige stralen, die vanuit vijf – met een computer bepaalde – hoeken op mijn hoofd werden gericht en vervolgens afgeschoten, niet goed werken. Als ik ook maar het kleinste beetje bewoog, zou de hele procedure langer duren. Dan moesten bepaalde schoten worden herhaald. Ook mocht ik niet slikken. Ik ontdekte dat ik dat kon zolang als van me gevraagd werd. Als tenminste alles volgens plan verliep.

Net als mijn ziekte zelf deed ook de bestraling me geen pijn. Het klinkt misschien allemaal heel beklemmend en ingrijpend, maar als mijn hoofd eenmaal in dat vastgeklampte masker zat en als ik vervolgens werd bestraald, dan deed dat geen pijn. Ik voelde wel waar de laser naar binnen ging, maar dat was niet pijnlijk. Het was zelfs nauwelijks onprettig. Het voelde eerder als een soort trilling. Ik vergeleek het ermee alsof ik mijn hoofd in de magnetron stak. Dat is niet bepaald een plek waar je vrijwillig je hoofd in steekt, maar het is verder wel onschuldig.

Het afschieten van de stralen, alle vijf, duurde twee tot drie minuten. De hele procedure, van het opzetten en vastmaken van het masker en het vastbinden op de tafel tot het weer losmaken en het weer naar huis gaan tot de volgende dag, duurde misschien twintig minuten.

Tenminste, als alles volgens plan verliep.

Maar de dingen lopen niet altijd volgens plan. Vaak lopen ze niet volgens plan. Je zou denken dat mijn ervaring in het bedrijfsleven, en mijn levenservaring in het algemeen, me daar wel op voorbereid zou hebben. Maar om de een of andere reden was dat niet zo. Je zou denken dat dan toch tenminste mijn plotselinge diagnose, na een leven in goede gezondheid, me recentelijk dit inzicht had opgeleverd. Ook niet. Mijn toekomstgerichte, optimistische kijk op het leven had me beschermd tegen twijfel en bescheiden verwachtingen. Op de een of andere manier was ik ervan uitgegaan dat ziekenhuizen en kankerbehandelingen storingsvrij zijn.

Ik kwam er al gauw achter dat dat niet zo is. Soms verknallen de mensen in een ziekenhuis het, ook al zijn ze nog zo professioneel en bedoelen ze het nog zo goed. De machines lieten het echter vaker afweten. Dat gebeurde één op de drie keer. En als het gebeurde, dan werd de dag voor mij en de overige patiënten een stuk lastiger.

Zoals ik al zei heb ik nooit last gehad van claustrofobie. Maar als de hele bestralingsprocedure langer duurde dan de bedoeling was – langer dus dan de twintig minuten die er ongeveer voor stonden – dan merkte ik dat ik in paniek raakte. Niet omdat ik me beklemd of onder druk voelde, maar door de eisen die door die extra tijd aan mijn lichaam werden gesteld. Ik had mezelf aangeleerd om die twintig minuten niet te slikken. Als ze voorbij waren, dan begon ik echter mijn speeksel te voelen. En mijn speeksel was aan de winnende hand. Het ademen werd lastiger. Plotseling was er een half uur voorbij. Het voelde alsof ik zou gaan stikken. Veertig minuten verstreken. En nog steeds mocht ik mijn hoofd niet bewegen.

Soms lag een van de apparaten er al uit als ik me meldde. Dan liep het schema uit en kwamen we allemaal later aan de beurt. In een omgeving en een groep die toch al stijf staat van de spanning – meestal waren we met vier tot zes patiënten aan het wachten in elk van de vier 'modules' van de praktijk – had je geen behoefte aan nog meer spanning. Je voelde in de wachtkamer hoezeer iedereen dan van streek was.

Het apparaat waar mijn vectoren in waren geprogrammeerd – 'De Rots', zoals Corinne en ik hem graag noemden – was, zoals onze bijnaam al doet vermoeden, een van de meer betrouwbare apparaten. Vaak moest ik door een mechanisch probleem (bijvoorbeeld een hendeltje dat niet klemvast in de gewenste positie schoot) te lang op de tafel blijven liggen. Of er moest nog een röntgenfoto worden genomen.

Ik was overgeleverd aan de nukken van de apparaten en het medische systeem, aan de competentie van de mensen, en aan het lot dat me goed of kwaad gezind was. Ik hield een score bij: Mens tegen Machine. Als we meer dan 25 minuten vertraging opliepen, dan hadden de machines die dag gewonnen. Maar toch, vertraging of niet, ik was een van de meer gelukkigen daar. Enkele van mijn medepatiënten met kanker waren aanzienlijk jonger dan ik. Velen van hen hadden ook fysieke en vaak zelfs helse pijn, door de kanker of door iets anders. Voor hen was het vaak een mensonterende ervaring. Sommigen moesten urenlang met allerlei vormen van openbaar vervoer reizen om er te komen, en vervolgens weer op dezelfde manier terug. Vier of vijf keer per week. Als een machine kapot ging, dan leek het soms wel alsof zij daar zelf ook kapot aan gingen, dat hun wil erdoor knakte. Net als ik waren ook sommigen van hen aan hun laatste levensfase begonnen. Ook zij probeerden hun leven af te ronden. Maar ze waren daar minder goed voor toegerust. Of ze wisten niet eens waar ze moesten beginnen. Ik heb een keer meegemaakt hoe een patiënte een tirade hield in haar mobiele telefoon – het soms zelfs op een krijsen zette – terwijl ze alsmaar door de wachtkamer op en neer liep. Ze was haar bedrijf aan het verkopen. Veel andere patiënten raakten van streek door haar getier. Nadat ze het gesprek had beëindigd, keek ze ons aan. 'Het spijt me vreselijk,' zei ze, en ze meende het oprecht.

Ik knikte. Ik was niet van streek geraakt door haar emotionele uitbarsting. Ik begreep het.

Sterven is hard werken. Je moet zoveel afronden. Al die administratie, al die juridische dingen. Al die dingen die zo saai zijn aan het leven en waar je een punthoofd van krijgt wanneer het leven goed gaat. Natuurlijk kunnen al die andere dingen die je meemaakt als je gaat sterven – de fysieke kant en die kolossale emotionele kant ervan – vreselijk zijn. Maar als je administratie je al teveel kan zijn – en dat kan – hoe houd je dan nog iets aan reserve over? Toen ik dag na dag het medisch personeel en vooral de andere patiënten observeerde, begon ik het te begrijpen.

Nog maar enkele maanden eerder, en mijn hele leven lang daarvoor, was ik gewend – en verwachtte – dat mensen op een heel hoog niveau opereerden. Deden ze dat niet, dan riskeerden ze dat ik mijn vertrouwen in hen verloor. Zo gaat dat in een commerciële organisatie. Ik wil daarmee niet zeggen dat mijn firma of ik geen enkele compassie hadden. Wat ik bedoel is dat competentie de maatstaf was waarmee wij mensen beoordeelden. Bekwaamheid. Kwaliteit. Het kon ook niet anders. Als iemand iets zei wat volgens mij ondoordacht was – of het nu een van de senior partners in mijn firma was of mijn tienerdochter – dan had ik niet altijd de tegenwoordigheid van geest om niet te zeggen dat ik dat 'een stompzinnige uitspraak' vond. Ik legde de lat ook voor mezelf zo hoog. Van mij was bekend dat ik uit mijn slof kon schieten.

Wat ik daar in die bestralingskliniek iedere dag opnieuw meemaakte, deed me echter beseffen dat bekwaamheid *niet* altijd mijn maatstaf kon zijn. En misschien zelfs in de meeste gevallen niet meer. Niet iedereen kan functioneren op het niveau waar jij ze graag wilt hebben. Of waar ze misschien zelf ook graag op zouden willen zitten. Ze kunnen het gewoon niet, hoe ze het ook proberen. Misschien hebben ze er niet de fysieke energie voor. Misschien ontbreekt het ze aan de wil. Misschien is het ze gewoon te machtig wat ze allemaal moeten doen om op een goede manier van dit leven afscheid te nemen. Eigenlijk had die dagelijkse gang naar die kliniek vreselijk moeten zijn. Maar ik voelde dat ik met ieder nieuw bezoek aan die kliniek toleranter werd jegens mensen – dat wil zeggen, meer tolerantie wist op te brengen voor imperfectie. Ik kreeg meer oog voor het scala menselijke capaciteiten – een veel breder scala dan ik had gedacht. In mijn vroegere leven had ik doorgaans alleen te maken met mensen die op de top van hun kunnen opereerden. Nu kreeg ik te maken met mensen bij wie de vermogens sterk waren ondermijnd. Door ziekte. Door twijfel. Door vermoeidheid.

De dingen lopen niet altijd zoals je wil.

Dat deden ze in feite nooit. Nu besefte ik waarom ik iedere dag die golfkleren aantrok. Omdat ik wist dat het geweldig zou zijn als de dag verliep zoals je zou willen. Als we gewoon alleen maar 'par' speelden, dan was de dag al perfect. Niemand in die wachtkamer was uit op een 'double eagle' of een 'hole in one' – hoewel we een wonder natuurlijk ook niet zouden afwijzen. Als iedereen in die wachtkamer maar gewoon volgens schema aan de beurt kwam, en als er niets fout ging (als we 'par' haalden), dan was dat al geweldig. 'Par' was genoeg. 'Par' was geweldig. 'Par' was fantastisch.

En als ik 'par' niet haalde? Als de dingen niet gingen zoals ik had gepland?

Dan moest dat ook maar goed zijn. Er was altijd wel iets waarmee een slechte dag of een slechte ronde toch goed kon worden. Een goede slag. Een aardig gebaar. Wat dan ook.

Daar in die wachtkamer gebeurde het. Terwijl ik op mijn beurt wachtte om dat masker over mijn gezicht getrokken te krijgen en op die tafel te worden vastgeschroefd zodat ze laserstralen konden afschieten op mijn hoofd. Daar leerde ik te accepteren. Ik moest accepteren. Ik had geen enkele andere keuze dan te accepteren.

Als de dingen niet gaan op de manier zoals wij daar in die kliniek graag wilden, dan zag ik dat mensen om me heen gefrustreerd raakten. Ik probeerde dat niet met mij te laten gebeuren. Ik kon toch niet veranderen wat er gebeurde. Zij ook niet. Maar zij hadden het veel moeilijker omdat ze het niet accepteerden.

Als ik mijn mede-patiënten van streek zag raken, dan zag ik mezelf in mijn vroegere leven.

Daar in die kliniek begon ik werkelijk te begrijpen wat het betekent om te aanvaarden. Ik leerde als het ware het aanvaarden te aanvaarden. Ik was aan de laatste fase van mijn leven begonnen. Wat had ik anders kunnen doen *dan* het te aanvaarden? Kennelijk was ik nog niet te oud om iets nieuws te leren. Je hebt nu eenmaal niet alles in de hand, zei ik tegen mezelf – ook al was het zo ontzettend moeilijk voor mij, met mijn persoonlijkheidstype A, om me dat zelf te horen zeggen. Ik had me nooit door mislukkingen of pech uit het veld laten slaan. Van opgeven moest ik al helemaal niets hebben. Ik moest en zou mijn doelen bereiken. En een van die doelen was om van iedere dag in mijn leven de beste dag van mijn leven te maken. De ceo, de micro-manager, moest de controle uit handen geven.

Ik sloot mijn ogen. Ik liet het gaan.

De optimale dood

Moge u iedere dag van uw leven leven.
– Jonathan Swift

Van achter onze eetkamertafel keek ik uit op het majestueuze
gebouw van de Verenigde Naties, en pal daarachter de East
River. Aan de ene kant van de tafel lag een stapel papier van het gezin over de gebruikelijke dingen van het leven – rekeningen, tijd-
schriften en nieuwsbrieven die nog gelezen moesten worden, uit-
nodigingen voor feestjes en liefdadigheidsevenementen. Daarnaast
lag een nog veel hogere stapel. Die ging over de uitzonderlijke
kant van het leven – tientallen condoleances, briefjes met hoop en
gebed van vrienden en collega's die gehoord hadden wat er aan de
hand was. Daarnaast stond een hele batterij aan flesjes geneesmiddelen. Keppra om de kans op een volgende attaque te mini-
maliseren. Dexamethason, een steroïde, om de zwelling in mijn
hoofd tegen te gaan. Antibiotica. De afgelopen paar dagen hadden zich nieuwe symptomen geopenbaard. Ik was rusteloos (door
de steroïden) en het kostte me meer moeite om dingen in de juiste
volgorde te doen. Een pluspunt was echter dat mijn ogen minder
troebel waren.

Ik zat achter de Apple-laptop van mijn dochter, hoewel het
duidelijk steeds moeilijker voor me werd om op een computer te

werken. Naast de computer lag de notitieblok waarin ik mijn gedachten was gaan noteren voor het boek dat ik wilde schrijven over mijn houding tegenover mijn naderende dood, dat ultieme avontuur in je leven, en wat ik daarvan leerde. Mijn denkvermogen was nog niet aangetast door de ziekte (althans, ik dacht van niet), maar dat kon niet gezegd worden van mijn handschrift.

'Fysiek ben ik sterk heb geen kwalen & geen chemo betekent ook geen langzame doodservaring'

~↗

Bij het schrijven keek ik elke paar minuten op mijn horloge om te controleren of ik op schema zat.

Maar wat voor schema? Wat zou er gebeuren als ik bij een bepaalde activiteit geen energie verspilde door al aan de volgende activiteit te denken? En in plaats daarvan me *volledig* concentreerde op datgene wat ik op dat moment aan het doen was? Zonder ook maar even te denken aan wat er daarna zou komen? Hoe langzaam of hoe snel zou de tijd gaan als ik me volledig zou onderdompelen in datgene waar ik concreet mee bezig was?

Het zou zeker een nieuwe ervaring zijn.

Ik vermoedde dat het afgelopen moest zijn met die voortdurende blik op het horloge en dat onophoudelijke time-management, de gewoonten van mijn vorige leven. Ik moest ze op zijn minst aanpassen aan mijn nieuwe realiteit. Mijn tijdshorizon was drastisch veranderd. Dan moest ik ook volstrekt anders met tijd omgaan. Als ik tot ver in de zeventig had geleefd – wat een paar maanden geleden absoluut geen bizarre gedachte was, want ik was mijn hele leven altijd kerngezond geweest totdat die ene kolossale uitzondering zich openbaarde – dan had ik nog ongeveer tienduizend dagen voor me gehad. Nu had ik nog maar één procent daarvan: honderd dagen. Ik zou die negenennegentig procent die ik kwijt was compenseren met een nieuwe mentaliteit – een dieper, minder rommelig bewustzijn van ieder moment.

Alleen … hoe moest ik dat in vredesnaam voor elkaar krijgen?

Ik had nog maar zo weinig tijd om te leren – maar het gekke was dat ik om te beginnen (en misschien ook tot besluit) moest leren om het rustiger aan te doen. Jarenlang had ik geleefd op honderd mijl per uur. Altijd maar vooruit, nooit terug. Op mijn sterfdag zou mijn tempo tot nul zijn teruggebracht. Ik was er altijd vanuit gegaan (net als de meeste mensen, denk ik) dat ik op latere leeftijd wel een keer op een natuurlijke bocht in mijn levenspad zou stuiten. Mijn pensionering, bijvoorbeeld, of mijn 65ste, of lichamelijke klachten. Dan, dacht ik altijd, zou er wel een lampje gaan branden. Dan zou ik wel gaan inzien dat de tijd gekomen was om het langzamer aan te gaan doen.

Dat lampje was inderdaad gaan branden, maar volstrekt onverwacht. Het was zoals Corinne me had gezegd: 'Je krijgt geen hele fase in je leven om je erop voor te bereiden.' Ik was het zeker langzamer aan gaan doen. Maar het gebeurde min of meer vanzelf, ik had er geen greep op. Althans: deels niet, deels wel. En daar moest ik me nu op gaan concentreren: dat deel waar ik wel greep op had. Ik was teruggetreden als chairman en had mezelf teruggetrokken uit de dagelijkse contacten van een man die midden in het leven staat – wat heet: een New Yorker die midden in het leven staat. Mijn tempo lag nu waarschijnlijk eerder op vijftig, misschien zelfs nog maar veertig mijl per uur. (Misschien dertig.) Ik wilde gecontroleerd verder terugschakelen, zodat ik mijn laatste weken en dagen, en zeker mijn allerlaatste momenten, in volkomen rust en vrede zou doorbrengen.

Ik wilde niet met een klap sterven.

Zittend aan de eettafel stelde ik een lijstje met actiepunten op voor mijn laatste dagen.

- Regel juridische en financiële zaken
- 'Rond' relaties 'af'
- Maak het leven eenvoudiger
- Leef in het moment
- Schep (maar sta ook open voor) geweldige momenten, 'perfecte momenten'
- Begin met de overgang naar het volgende stadium
- Regel de begrafenis.

Kortom, ik wilde dat deze laatste periode van mijn leven gekenmerkt zou worden door vastberadenheid en afronding; door een verhoogd bewustzijn; door plezier en genieten van het leven. Om nog korter te gaan – ik wilde alleen nog maar de volgende dingen:
Helderheid. Intensiteit. Perfectie.
Wat meer kan iemand zich eigenlijk wensen?
Een geweldige kreet – vermoedelijk Iers – luidt als volgt: Op een goed leven en een nog betere dood. Nou, ik wilde de beste dood die ik maar kon hebben. Daarmee bedoelde ik niet dat ik er een soort wedstrijd van wilde maken. Zo van: ik ben gewend om te winnen, dus hierin wil ik ook winnen – ik ga een betere dood hebben dan jij. Ik bedoelde ermee dat ik in mijn sterven wilde bereiken waar ik ook in mijn leven altijd naar had gestreefd: ik wilde het zo goed mogelijk doen. Ik was door de jaren een wijnliefhebber geworden. Dat had ik bereikt door allerlei soorten wijn te proeven, door me te abonneren op nieuwsbrieven over wijn en die te lezen wanneer

ik maar even kon. Ik was een operaliefhebber geworden door naar opera's te kijken en te luisteren, en vooraf ook het verhaal te lezen. Ik wilde er niet alleen maar een beetje aan 'ruiken'.

Nu wilde ik 'slagen' in sterven – dat wil zeggen, ik wilde proberen me constructief op te stellen tegenover de dood, en er dus voor zorgen dat mijn dood ook bij me paste. Om er helder over te zijn en om hem bewust te ervaren. Om hem in mijn armen te sluiten.

Maar ik had een probleem. Hoe moest ik mijn kijk op de dingen veranderen? En hoe moest ik mezelf vervolgens steeds corrigeren terwijl ik mijn kijk op de dingen veranderde (om mijn bewustzijn te vergroten)? En bovendien: hoe moest ik dat bereiken in de korte tijdspanne van een maand of twee, drie? Het zou niet alleen een inspanning van me vergen om het geheim te ontdekken, er enthousiast over te worden, en het te leren kennen. Ik moest er ook voor afleren en bijleren.

Gelukkig had ik al twee leraren die ik kende. De ene had ik ingeschakeld om me te helpen toen ik CEO was. De ander was al meer dan de helft van mijn leven mijn persoonlijke sherpa.

⬿

In mijn vorige leven had ik een adviseur om me te helpen met de drie doelen die ik voor onze firma had gesteld toen ik tot chairman was benoemd. Het belangrijkste van die drie doelen, het doel waarvan ik hoopte (als ik daarover nadacht) dat het mijn nalatenschap zou zijn, was dit: onze medewerkers helpen een betere balans te krijgen tussen hun werk en hun privéleven. Toen ik te horen kreeg van mijn ziekte, waren we daar ook concrete stappen voor aan het zetten. We organiseerden uiterst praktische bijeenkomsten van een volle dag waarin we onderzochten hoe we dat doel van die grotere balans konden bereiken. Die bijeenkomsten vonden plaats in kantoren in het hele land. We nodigden er alle partners samen met hun levensgezellen voor uit. Eén advies van die adviseur stak er volgens mij (en vele anderen) met kop en schouders bovenuit: we zouden ons doel eerder bereiken als we niet zozeer probeerden om controle te krijgen over onze tijd, wat sowieso niet kan omdat die buiten je ligt, maar over onze energie, wat heel goed kan omdat je die in je draagt.

Nu ik voor mijn allergrootste uitdaging stond, werd me opeens oogverblindend duidelijk dat hetzelfde principe waarmee we de cultuur van onze firma aan het verbeteren waren – om een betere balans te creëren tussen werk en privéleven – ook voor mij persoonlijk bijzonder nuttig kon zijn. Ik moest leren anders tegen de wereld aan te kijken – en tegen mijn eigen verblijf in die wereld dat plotseling op zo'n schokkende wijze was ingekort. Een minder tijdkritische en toekomstgerichte benadering leek me prima.

Ik moest die nieuwe mentaliteit echter zien te ontwikkelen zonder daarmee tegelijkertijd mijn fundamentele overtuigingen op te geven. Per slot van rekening hadden mijn waarden, mijn manier van leven en mijn levensfilosofie me tot en met de 54ste lente van mijn leven heel veel gebracht. Ik had er een zeer vooraanstaande plek in de arbeidsmarkt mee bereikt. Ik wilde trouw blijven aan degene die ik was geweest en waar ik altijd voor had gestaan, ook al moest ik mezelf nu openstellen voor iets nieuws.

Ik kon niet zomaar afstand doen van alles wat me had gemaakt tot wie ik was. Het ging erom die eigenschappen een nieuwe richting te geven, zodat ik ook zou kunnen 'slagen' in de spirituele wereld, de wereld van mijn geest. Die bijsturing, besefte ik, zou moeten beginnen bij een van mijn kernwaarden.

Eén woord had ik mijn hele leven bij alles wat me ook maar iets waard was met hoofdletters geschreven: toewijding. Toewijding aan mijn huwelijk, mijn familie, mijn land, mijn collega's en mijn firma, mijn buren en mijn medemens. Voor mij stond toewijding voor opoffering, volwassenheid, moraal, zekerheid – allemaal deugden, althans voor mij. Helaas was tijd ook een synoniem van toewijding geworden, vooral in het bedrijfsleven. Te vaak werd je toewijding klakkeloos afgemeten aan het aantal uren dat je bereid was te werken. De hoeveel tijd die je bereid was je gezin te ontzeggen. Het aantal jaren dat je bereid was ergens anders te wonen, of een bepaalde cliënt te dienen. Toewijding was 'betrouwbaarheid' gaan betekenen – bewijzen dat je er had gestaan, en dat je er bij de volgende gelegenheid weer zou staan. Als je een reusachtig deel van je tijd ter beschikking stelde, dan was dat een blijk van je toewijding. Gaf je die tijd niet, dan werd je toewijding in twijfel getrokken. Tijd was het cruciale criterium.

Door mijn contact met die adviseur, en vooral door de recente nachtmerrie-achtige weken die mijn gezin en ik als het ware slaapwandelend waren doorgekomen, was ik me gaan afvragen waar toewijding nu eigenlijk om draait. Het draait juist helemaal niet om tijd. Het gaat niet om betrouwbaarheid en voorspelbaarheid. Toewijding gaat over diepgang. Over inspanning. Over passie. Over je innig gevoelde wens om op die ene plek te zijn, en nergens anders.

Natuurlijk is tijd wel een aspect dat erbij komt; het zou naïef en onlogisch zijn om te beweren van niet. Toewijding meet je echter bij voorkeur niet af aan de tijd die je bereid bent af te staan – maar aan de energie die je erin steekt, aan de mate waarin je er met je volle geestelijke inzet bij bent.

Toen ik dit eenmaal had bedacht, kreeg ik het gevoel iets belangrijks te hebben ontdekt. Ik had geen greep op de tijd. Ik had alleen maar gedeeltelijk greep op mijn omgeving. Maar ik was helemaal de baas over mijn eigen energie. Hoe ik die verdeelde. Hoe ik die gebruikte in reactie op invloeden van buiten. Deze notie – dit basisprincipe – zou me helpen om me te concentreren op datgene waarop ik me moest toeleggen. Bewustzijn, en niet toewijding, was een beter, nauwkeuriger en minder in tijd verstrikt woord om te beschrijven waar ik voortdurend naartoe probeerde te werken, van hier tot het eind.

Geen leven in de toekomst meer. (Of in het verleden wat dat betreft – voor veel mensen een probleem, maar niet zo voor mij.) Ik moest ermee ophouden twee maanden, een week, zelfs maar een paar uur vooruit te leven. Zelfs een paar minuten vooruit. 'Over zestig seconden' is eigenlijk even ongrijpbaar als 'over zestig jaar'. En zal dat ook altijd zijn. Het is – was – uitputtend om in een wereld te leven die nooit bestaat. En ook een beetje dom, aangezien we hier en nu toch al gezegend zijn met zo'n fascinerende wereld.

Ik had het gevoel dat als ik kon leren in het moment te blijven, me volledig bewust te zijn van mijn omgeving, ik mezelf dan ook meer tijd kon geven dan ik in al die jaren dat ik gezond was geweest *ooit* had gehad. (Denk maar aan al die verloren blokken van uren en weken en jaren, al die verloren momenten. En denk er nu niet meer over na. Blijf er niet in hangen.) Natuurlijk kon ik niets veranderen aan het naakte feit dat ik nog maar drie maanden te leven had (als ik die al had). Maar als ik mijn mentaliteit kon veranderen, dan kon ik mezelf een nieuwe instelling aanmeten. Een omschakeling maken om mijn verlies aan levensverwachting te compenseren met diepgang, kwaliteit en intensiteit. Getalsmatig had ik niet veel dagen meer tot mijn beschikking, maar ik zou ze beleven zoals ik nog nooit een dag had beleefd.

Wie maakt nou in zo'n vergevorderd stadium van zijn leven zo'n wezenlijke verandering door?

Ik zou er echter al snel achterkomen dat in het heden – het hier en nu – blijven en me werkelijk bewust zijn van mijn omgeving zo'n beetje het moeilijkste was wat ik ooit had proberen te doen. De top bereiken, een firma van twintigduizend mensen leiden, zelfs de eerste negen 'holes' op 'par' aflopen – het was allemaal niets als ik het hiermee vergeleek. Ik was niet de enige die er moeite mee had om in het heden te blijven. Twee voorbeelden waar ik tegenaan liep doordat ik gevoeliger was geworden voor de aspecten van tijd en onze relatie met tijd:

- Een collega vertelde me over zijn bezoeken aan zijn oude moeder, die enkele uren reizen van hem vandaan woonde. Zodra hij bij haar thuis aankwam, vroeg zij altijd meteen: 'Wanneer kom je weer?'
- Mijn dochter Gina en ik gingen naar *Batman Returns*. We genoten allebei twee uur volop. Toen we weer buiten stonden, was het eerste wat zij zei: 'Ik hoop dat er een vervolg komt.' Ze wilde (begrijpelijk) zo ontzettend graag dat dat moment nog een tijdje aanhield dat ze helemaal niet in het hier en nu zat! Het verlangen naar iets dat er nog niet was had de werkelijkheid van het moment dat er wel was, een moment om van te genieten, vervangen.

Het lijkt misschien alsof ik die twee situaties te zwaar interpreteer, maar ik denk dat ze op iedereen van toepassing zijn. Wie heeft er nu *niet* de wens, zelfs de drang, om te weten wat er hierna te gebeuren staat? Die behoefte hebben zowel oude als jonge mensen. Zelfs een kind van dertien dat zoveel meer toekomst voor zich heeft dan oudere mensen, vindt het moeilijk om werkelijk in het hier en nu te leven.

Al gauw merkte ik dat allerlei mensen niet in het heden leefden, ook al dachten ze misschien van wel. Ze leefden hetzij in de toekomst of in het verleden, of misschien wel helemaal nergens. Bijvoorbeeld:

Mensen die niet luisteren, die vragen stellen zonder het hele antwoord af te wachten.

Mensen die boos en bitter zijn.

Mensen die, net als ik, dachten dat zij zowel oog hadden voor het bos als voor de bomen maar waarschijnlijk toch een beetje te veel met de bomen bezig waren. Of toch met het bos?

Op de een of andere manier moest ik leren om hier en nu te leven, al was het maar voor een paar fragmenten.

In het begin dwaalde ik af. Ik dwaalde voortdurend af. Zelfs als ik aantekeningen maakte voor dit boek, iets waartoe ik werd gedreven door de wetenschap dat ik nog maar zo weinig uren te gaan had, en hoe kostbaar ze voor me waren, dwaalde ik iedere keer af naar mijn werkende leven van vroeger, naar de zakelijke situaties die ik had meegemaakt en niet achter me kon laten. In mijn gedachten vochten toekomst en verleden zo hevig met elkaar dat ze het me volstrekt onmogelijk maakten om iets nieuws te ervaren dat volkomen binnen mijn macht lag – het heden. Misschien was die onstuitbare obsessie met de toekomst en het verleden voor een klein deel, of misschien zelfs wel het grootste deel, het product van mijn ego – die fundamentele en levenslange drang om je plek in het leven te vinden, om nog steeds gezien te worden als iemand die deel uitmaakt van de samenleving en er een bijdrage aan levert. (Hoe kon ik dat laten gaan?) Of misschien was die obsessie ingegeven door de micromanager die ik voor een deel was. Per slot van rekening zat ik hier een boek te schrijven waarin ik mensen wilde vertellen wat ik meemaakte. Dat zette me natuurlijk aan het denken over wat ik wilde meegeven aan die voormalige collega, of aan mijn neef, of hoe ik met die cliënt moest omgaan... Ik vond het hartstikke moeilijk om in het hier en nu te leven.

Maar het wordt vast makkelijker, zei ik tegen mezelf, *als je de doodstraf hebt gekregen*. Toch?!

༄

Ieder ochtend als ik wakker werd, probeerde ik uit alle macht om in het hier en nu te zijn. Gewoon waardering op te brengen voor mijn omgeving op dat moment, die ene seconde. Want als ik in het hier en nu zat, zou ik me niet zo bewust zijn van de tijd – de tijd van de dag, de tijd die het zou kosten om mijn resterende doelen te bereiken, de tijd van het jaar, de tijd die ik nog had. Als ik in het hier en nu leefde, dan zou ik me alleen bewust zijn van wat ik ervoer. Ik zou alleen maar ervaren wat ik op dat moment ervoer – en niet dat ik in het hier en nu bleef, dan deden de context en het verleden er niet toe – alleen die ervaring zelf.

Ik probeerde me bewust te zijn van mijn omgeving. Dóór en dóór bewust te zijn van mijn omgeving van dat moment. En niets, maar dan ook niets, anders.

Het lukte me niet.

༄

Mijn jacht op het hier en nu leek voort te komen uit mijn overweging dat de geschiedenis en het verleden naar de achtergrond geduwd moesten worden. Maar het enige wat ik wilde lezen (of als luisterboek wilde beluisteren omdat mijn ogen achteruit gingen) waren boeken over historische onderwerpen.

In *How the Irish Saved Civilization* hoorde ik dat allerlei manuscripten vanuit het instortende Romeinse rijk naar de kloosters op het destijds zo ongelooflijk veraf gelegen Ierse eiland werden gebracht, waar monniken die konden lezen de geschiedenis voor de vergetelheid behoedden. Was hun verhaal niet gewoon een gemeenschappelijke, culturele variant van mijn eigen, uiterst persoonlijke wens om een zo hoog mogelijke staat van bewustzijn zien te bereiken?

Stonden verleden en heden misschien helemaal niet zo los van elkaar als ik dacht? Waren ze misschien niet gewoon één en hetzelfde … afgezien van die kleine factor tijd?

Nu ik mijn leven aan het afronden was, besloten Corinne en ik om een laatste keer samen met Gina een reis te maken. We zouden half september weggaan – nadat de bestraling af was en ik weer op krachten was gekomen en al het andere had afgemaakt wat ik me had voorgenomen. Ik – we – kozen drie bestemmingen die voor mij een veel betekenden: Praag, Rome en Venetië. Praag vanwege de belangrijke historische en spirituele wortels (in de Middeleeuwen reisden pelgrims op weg naar het Heilige Land via de stad); Rome vanwege zijn archeologische en historische wortels (je kunt daar gewoon zien hoe de ene laag geschiedenis op de andere is gebouwd); en Venetië omdat het zowel een mooie als een stervende stad is. (Het zou ook een enigszins triomfantelijke terugkeer zijn naar die rijke, zinkende stad, want Corinne en ik waren er op huwelijksreis geweest toen we heel weinig te besteden hadden – en nu zouden we er terugkomen met creditcards.)

Ik mocht altijd graag over de geschiedenis lezen en stelde de lessen op prijs die je eruit kunt trekken als je daar oog voor hebt. Ik had altijd het gevoel gehad dat je, om een zinvol, nuttig leven te leiden, je het gevoel moest hebben deel uit te maken van de geschiedenis. Nu ik stervende was, besefte ik dat ik ondanks mijn oprechte en zelfs wanhopige jacht op het heden minstens evenzeer naar een ander gevoel hunkerde: het verlangen om doordrenkt te raken van de geschiedenis, erin gewikkeld te worden, op plekken waar je het verstrijken van de eeuwen letterlijk kunt aanraken.

De gedachte dat we die reis zouden gaan maken, kikkerde me enorm op. Zozeer zelfs, dat ik mezelf nóg een doel stelde: me goed genoeg voelen om deel te nemen aan de volgende partnerbijeenkomst van KPMG die begin november zou plaatsvinden – een paar maanden later dan waar ik geacht werd nog op te mogen rekenen.

Ik wilde daarbij zijn.

〜

Ik was ervan overtuigd dat ik mijn energie (in plaats van de tijd) onder controle kon krijgen als ik me probeerde te herinneren wat die consultant ons in die seminars had geleerd. Het concept werkte prima in onze firma, dus waarom zou het nu niet ook voor mij persoonlijk werken, in de benarde situatie waarin ik me bevond?

We hadden de cultuur van onze firma onder de loupe genomen om erachter te komen wat onze vennoten nu eigenlijk bij uitstek belangrijk vonden. En dat vertelden ze ons in interviews die we afnamen. Hun gezin natuurlijk. Werk kunnen doen waar ze voldoening aan beleefden. Ook buiten hun werk een leven hebben. Omringd zijn door slimme en enthousiaste collega's in een teamomgeving. Een mentor kunnen zijn voor anderen.

Vervolgens hadden we ook de levenspartners van onze vennoten geïnterviewd. Wat vonden zij belangrijk? Alleen op deze manier, meenden we, zouden we buitengewone professionals kunnen ontwikkelen. Want alleen op deze manier konden we hen hel-

87

pen om ook buitengewoon te zijn op de andere terreinen van het leven die zij belangrijk vonden.

Om vervolgens van onze firma een organisatie met meer compassie te maken, een firma waar het allemaal om mensen draaide, moesten we over de gehele linie een nieuwe mentaliteit zien te kweken. We moesten een omgeving zien te creëren waarin je je zwaar verdiende vakantie opnam zonder dat je je verplicht voelde om ook tijdens je afwezigheid veertien keer per dag je e-mail te checken. Een omgeving waarin je donderdagmiddag wat eerder van kantoor kunt om de voetbalwedstrijd van je dochter te halen – *zonder* jezelf te verwijten dat je daarmee de hele firma onderuit haalt. We bekeken hoe we intern communiceerden. De multitasking die we deden. Hoe gefocust we waren. Bij herhaling kregen we verhalen te horen als deze: een manager komt na drie dagen onderweg weer thuis, de mobiele telefoon bungelend aan zijn gordel. En wat doet hij – tot groot ongenoegen van zijn gezin – als eerste? Hij checkt zijn e-mail! Is dat nou echt nodig? Als we die manager dan in zo'n interview vroegen waarom hij zo hard werkte, antwoordde hij echter zonder blikken of blozen dat hij dat deed omdat hij zoveel van zijn gezin hield! En dat moest zijn gezin goed beseffen! (Intussen was hij er echter meer voor zijn cliënten dan voor zijn gezin!)

Iets klopte er niet. We beseften dat we het doel van de firma beter moesten zien te verenigen met dat van het individu in de firma.

Door middel van die bijeenkomsten begonnen we te pleiten voor gedragsverandering. Managers zoals de man die ik zoëven beschreef wenden zich heel simpele maar prettige gewoonten aan. Bijvoorbeeld: je mobiele telefoon uitzetten voor het avondeten. Ze wenden zich aan om bij thuiskomst eerst een half uur al hun aandacht aan hun gezin te besteden – omdat dit belangrijk was voor hun gezin, voor henzelf, en voor hun firma. (Na dat halve uurtje – het tempo ligt immers hoog in de zakenwereld – konden ze zich dan een kwartier of twintig minuten terugtrekken, e-mail bekijken, zich misschien iets inschenken.)

Om die betere balans te krijgen, gingen we ook werken aan betere fysieke levensgewoonten en eetgewoonten. We leerden hoe we meer nachtrust kunnen krijgen – voldoende nachtrust, de juiste nachtrust – en wezen onze mensen daar ook op. Dat je minstens elk anderhalf uur op de een of andere manier moet bewegen – even wat rondlopen, even een paar strekoefeningen doen. (Want doe je dat niet, leerden we, dan begint je systeem af te schakelen: dan kun je je niet meer goed concentreren, en een lange vergadering wordt volstrekt zinloos omdat maar weinig mensen de energie kunnen opbrengen om het vol te houden.) We leerden dat je het beste 's ochtends kunt sporten omdat de zuurstof in je lichaam dan het beste wordt rondgepompt. We leerden dat je na hooguit vier uur weer iets moet eten om de glucose in je lichaam op peil te houden, en die scherpe suiker'dalingen' te voorkomen waarna je ogenschijnlijk nog wel doorwerkt maar in feite niet erg productief meer bent. We leerden dat het belangrijk is om vaker iets lichts te eten in plaats van incidenteel heel veel. En dat je veel water moet drinken. In wezen pasten we allerlei principes uit de sport toe, want bij uitstek sporters moeten zichzelf in conditie weten te houden als ze willen presteren. (Onze adviseur had met topatleten gewerkt.)

Kortom, we probeerden zowel ons lichaam als onze levensgewoonten op allerlei manieren aan te passen om ons vitaler te voelen. Om zoveel mogelijk uit elk moment en iedere dag te kunnen halen – voor het bedrijf en voor jezelf – in plaats van er 'gewoon maar' doorheen te leven.

Nu moest ik dat voor mezelf doen. Ik wist zeker dat ik het kon, want ik had al in de praktijk gezien hoe goed het bij onze mensen werkte. Ik had gezien hoe vennoten een heel nieuwe manier van zijn voor zichzelf hadden ontwikkeld door zich werkelijk te bekeren tot de essentie van het denken dat ik zojuist heb beschreven. Namelijk: je kunt alles – als je er maar je beste energie in steekt. Tijd wordt werkelijk minder belangrijk.

Toch kennen we – en ook dat is niet zo vreemd – geen grotere obsessie dan tijd. Er is niets waar we zo aan verslaafd zijn als tijd. Tijd – of die nu goed of slecht wordt benut. Tijd – of we er nu wel of geen genoegen aan beleven. Als er maar tijd *is*. Vele jaren geleden hebben Marianne (die toen negen was) en ik meegedaan aan de 'Bay-to-Breakers'-loop in San Francisco. (Elk jaar deden er wel een paar mensen van ons bedrijf mee; Marianne wilde dat jaar meedoen, en ik vond het heel bijzonder om dat met haar samen te doen.) Ze deed het heel goed. Tijdens de wedstrijd haalden we diverse kinderen van haar school in, en we zetten een heel behoorlijke tijd neer.

De volgende dag liep ze over van de prestatie die we hadden geleverd. 'Mijn vader en ik hebben het in een uur en drie kwartier gedaan,' vertelde ze. Een van haar klasgenoten, een jongen die kennelijk niet onder wilde doen voor een meisje, pochte: 'Nou, ik heb er ook aan meegedaan met mijn vader, en wij hebben er twee uur over gedaan, dus wij hebben langer gerend dan jij.'

⌒

Ik kon me niet concentreren. Mijn gedachten waren nog steeds te veel bij het werk en bij het leven dat ik ooit had geleid. Maar toch, met iedere nieuwe dag werd mijn werk een beetje meer verleden tijd, en werd mijn blik beetje bij beetje scherper. De stress van mijn vorige leven vervaagde een beetje. Ik begon me wat meer te ontspannen. Ik genoot een beetje meer.

Een beetje, niet heel veel. Ik had nog een lange weg te gaan. (Een van mijn beste vrienden, die in de top van een aantal multinationals had gezeten, vertelde me dat zij na haar aftreden wel drie jaar nodig had gehad om dat leven te ontwennen.)

Ik probeerde me opnieuw te concentreren. Het lukte me niet.

Eigenlijk was het ook niet zo vreemd dat het steeds mislukte. Per slot van rekening was ik er nooit erg goed in geweest om maar één ding tegelijk te doen. Terwijl ik naar een honkbalwedstrijd keek, voerde ik een gesprek, las de krant, en keek zo af en toe ook ook nog even naar de beurskoersen. Mijn bewustzijn was vaak opgesplitst in kleine stukjes.

Corinne, Gina en ik hadden het voorrecht om op audiëntie te mogen bij Kardinaal Egan, de aartsbisschop van New York. Hij had vast en zeker veel meer dan ik nagedacht over de eeuwigheid, de dood en alles wat met de ziel te maken heeft, dacht ik. Dus nam ik de gelegenheid te baat. In zijn privé-vertrekken kregen we heilige communie. Toen praatten we wat met elkaar. Ik vertelde hem dat er nog zoveel niet af was toen ik gestopt was met werken. Hoe kon ik leren te leven – en sterven – terwijl zoveel nog niet was afgerond? Ik wilde zo ontzettend graag in het heden leven. Maar hoe kon ik het verleden achter me laten? 'Hoe kan ik in het moment blijven?' vroeg ik hem.

De kardinaal vertelde me dat hij ooit een aantal jaren in Rome had doorgebracht. Daar had hij niet alleen nog meer geleerd over het rooms-katholicisme, maar ook over de Italiaanse manier van denken. Hij hield van zijn Ierse afkomst en veel aspecten van Ierland en de Ierse cultuur. Maar hij was ook een fundamenteel verschil gaan onderscheiden in de manier waarop de Italianen en de Ieren naar dingen kijken. Een typische Italiaan, zei hij, piekert niet achteraf over een beslissing die hij eenmaal heeft genomen. Hij vindt dat die beslissing de beste is die hij op dat moment had kunnen nemen, gegeven de informatie waarover hij op dat moment beschikte. Ook al pakte die beslissing uiteindelijk misschien niet zo uit als hij had gehoopt, het bleef gewoon de beste beslissing op dat moment. 'De enige beslissing waar je je op kunt richten, is de beslissing die je nog kunt nemen,' zei hij.

Ik knikte. Wij Ieren gaan gebukt onder een lange traditie, als het al niet in onze genen zit, om terug te kijken, om situaties die nog niet afgerond zijn alsmaar te herkauwen. 'Ze zeggen dat rancune het enige is wat een Ier meeneemt in zijn graf,' zei ik.

Toen ons gesprek ten einde liep, zei ik tegen kardinaal Egan: 'Ik heb het gevoel dat ik zo bewust mogelijk moet sterven.' Ik formuleerde het niet als een vraag. Ik was benieuwd naar zijn reactie.

'Er wordt veel van je verwacht als je veel gekregen hebt,' zei hij. 'Verhef jezelf tot de hoogste mate van bewustzijn.'

~

Het is niet bedoeld als een gebrek aan respect tegenover de kardinaal, maar later moest ik onwillekeurig denken aan die scène in *Caddyshack* waarin het personage vertolkt door Bill Murray iemand vertelt over die ene keer dat hij ooit caddy was voor de Dalai Lama, die na afloop van het rondje zonder meer wilde vertrekken. 'Hé Lama, kan er nog wat vanaf voor de moeite?' had Murray hem gevraagd.

Waarop de Dalai Lama antwoordt: 'Oh, eh, geld geef ik je niet, maar op je op je sterfbed krijg je het absolute bewustzijn.'

Terwijl hij het vertelt, kijkt Murray zijn vriend aan en zegt: 'Dat heb ik dus alvast mee. Leuk om te weten.'

Voordat ik ziek werd, dacht ik altijd dat toewijding de allerhoogste deugd was. Nadat ik te horen had gekregen wat ik had, dacht ik dat bewustzijn dat was. Ik bedacht dat het ieders allereerste verantwoordelijkheid in het leven is om op elk moment zo bewust mogelijk te leven. Zeker later in je leven, en al helemaal tegen je einde. Al was het maar omdat je anderen dan kunt helpen om dat einde beter te leren begrijpen. Dat is iets wat we aan elkaar verplicht zijn, zeker aan de generatie die na ons komt. Misschien ontdekken we dan dat sterven helemaal niet zo beangstigend is. Dat zou toch zeker iets waardevols zijn om door te geven?! Misschien komen we er dan achter dat de dood zelfs iets is waar je je op kunt verheugen.

Ooit dacht ik dat je met toewijding bijna alles in iets positiefs kon veranderen, en tot op zekere hoogte dacht ik dat nog steeds. Maar nu meende ik dat je met bewustzijn bijna alles in iets positiefs kon veranderen.

⌒

Mijn echtgenote had meer ervaring met de dood dan ik. Toen we nog niet zo lang getrouwd waren, werkte zij in een ziekenhuis in de regio San Francisco. Daar zag ze veel mensen aan AIDS sterven toen we nog niet precies wisten wat AIDS was. Ze zat aan hun sterfbed en zag doodzieke mensen vaak de wil om te leven al opgeven nog voordat hun lichaam hen definitief in de steek liet. Ze leefden nog, maar eigenlijk waren ze al dood. Het was een schokkende ervaring die haar de schellen van de ogen deed vallen. Al gauw was ze zich gaan verdiepen in de grote vragen over de dood en sterven.

Ik prees me bijzonder gelukkig dat ik Corinne naast me had. Altijd al, maar nu helemaal. Zij zou aan mijn zijde zijn. Zij was mijn metgezel, vriend en vertrouwelinge, de eerste en de laatste.

Ze zou echter ook mijn sherpa zijn (zo noemde ik haar graag), mijn spirituele gids die me zou helpen om van deze wereld naar de volgende te gaan. Ons hele leven samen had haar rotsvaste vertrouwen mij de moed gegeven om al mijn doelen te bereiken. Wat ik als volwassene aan balans in mijn leven had ervaren, was ik nagenoeg helemaal aan haar verschuldigd, aan haar bijdrage en wijsheid. Zij zou de laatste zijn die ik fysiek zou aanraken wanneer ik deze wereld verliet.

Om me te helpen in mijn strijd om in het hier en nu te blijven, stelde ze me voor mijn bewustzijn te 'concentreren'. Zo zou het me misschien gaan lukken. Corinne had aan meditatie gedaan en bovendien cognitieve wetenschappen en psychologie gestudeerd aan Berkeley en Columbia. Ze had zich verdiept in de werking van de geest op verschillende niveaus, en leek dat ook intuïtief te begrijpen.

'Doe je ogen dicht,' zei ze. 'Concentreer je op de epifyse pal in het midden van je hoofd, tussen je oren, achter de brug van je neus.'

Het lijkt totaal niet bij me te passen – en is zelfs komisch voor iemand als ik – maar eind jaren zeventig heb ik korte tijd aan transcendente meditatie gedaan. Ik studeerde toen aan de Stanford business school. Corinne en ik kenden elkaar nog maar pas. Op gegeven ogenblik kwam ze bij me langs in mijn appartement en trof me daar mediterend aan. Zelf is ze later ook het belang van meditatie gaan inzien, en ze is er veel beter in geworden dan ik. Maar toen ze me die middag zoemend en wel op de bank zag zitten, heeft ze zich toch even in alle ernst afgevraagd, vertelde ze me later, of ze wel met me door moest gaan.

Nu zaten we op de gehuurde bank in de nog onvertrouwde woonkamer van ons nieuwe appartement (ons nieuwe meubilair zou nog weken op zich laten wachten), en deed ik wat ze me zei.

Ik sloot mijn ogen. Dat moest me wel goed afgaan, dacht ik, aangezien ik vaak mijn ogen sloot om de attaques in mijn visuele cortex tegen te houden.

Ik probeerde me die plek pal in het midden van mijn hoofd voor te stellen.

Ik liet alles los.

⌐

Probeerde dat althans.

Mijn bewustzijn was helemaal niet 'geconcentreerd'. In plaats daarvan leek het oog van mijn geest, mijn bewustzijn, pal achter mijn wenkbrauw te zitten. Met andere woorden: ik liet helemaal niets los.

'Het lukt niet,' zei ik tegen Corinne, nadat ik het een paar minuten tevergeefs had geprobeerd.

Ik probeerde het in de dagen daarop nog een paar keer. Volgens Corinne stellen sommige monniken zich voor dat er midden in hun hoofd alsmaar een liggende acht – het symbool van de oneindigheid – ronddraait als ze in de juiste concentratie willen komen.

Ik niet. Het mislukte iedere keer weer. Ik kwam in de verste verte niet bij het middelpunt van mijn hoofd. Ik kwam nog niet eens in de buurt.

Als ik wilde leren in het hier en nu te leven en hoe ik mijn bewustzijn kon concentreren, dan moest ik dat op een andere manier zien te bereiken.

Misschien moest ik een truc toepassen. Het zou niet eenvoudig zijn.

Nou was dat op zich overigens prima. Hard werken was ik gewend. Ik genoot ervan. Had er altijd van genoten. Dat zou me vast gaan lukken. Ik was ervan overtuigd dat iedereen in principe een bewustzijn kan ontwikkelen. (Hoe kan het ook anders – ons bewustzijn is toch bij uitstek dat wat ons tot mens maakt?) Net als met zoveel andere dingen die ik in mijn leven had gedaan, gold ook hier vast en zeker: oefening baart kunst. Bewustzijn is als een spier, dacht ik, die sterker wordt als je hem oefent.

Voordat ik echter kon slagen, moest ik misschien eerst mijn oude gewoonten afwerpen. Als ik vroeger, als kind, op school van streek raakte door iets, dan kwam ik thuis, gooide mijn boeken op tafel en tierde een tijdje. Mijn moeder hoorde me dan gewoon aan en zei niets. Na een tijdje was ik uitgeraasd en ging mijn huiswerk doen, en al die andere dingen waar ik de dag mee vulde. Mijn moeder had iets briljants over zich, een intuïtie, de intuïtie van de moeder. Als ik stoom afblies, dan luisterde zij gewoon en zei nauwelijks niets. Ze voelde aan dat ik even de tijd nodig had om van de ene gemoedstoestand over te schakelen op een andere.

Ik had mijn oude leven nog niet écht losgelaten.

Ik bleef worstelen. Ik zocht wanhopig naar een manier om nadrukkelijker hier en nu te leven. Ik wist dat ik een werkelijk bewustzijn in mij had. En ik voelde dat mijn hart op de juiste plek zat.

Maar dat betekende niet automatisch dat ik er ook bij zou kunnen komen vóórdat mijn uur sloeg …

Een goed afscheid

'Je moet een afscheid niet rekken,' zei ze. 'Daar verleng je niet je
samenzijn mee, maar de scheiding.'
— Elizabeth Asquith Bibesco, *The Fir and the Palm*

Mijn worsteling om hier en nu te leven nam me niet volledig
in beslag. (Misschien was het daarom ook wel zo'n worsteling.) Er waren nog andere dingen die ik wilde doen zolang ik dat
nog kon. Het allerbelangrijkste was afscheid te nemen.

Ongeveer dertien jaar geleden, rond de eerste verjaardag van
mijn dochter Gina, lag mijn vader op sterven. Hij had longkanker.
Ik vloog van Californië naar Florida om hem op te zoeken. Het
zou de laatste keer zijn dat ik hem zag. Hij was pas 63 maar had
zich redelijk verzoend met zijn lot. (Eigenlijk mag ik dat zo niet
zeggen – alsof er ook maar één enkele leeftijd zou zijn waarop je je
aanstaande overlijden zou moeten accepteren. Er zijn natuurlijk
ook mensen van 88 of 103 die niet accepteren dat ze moeten sterven, en dat ook nooit zullen doen. En dat is hun goed recht.)

Ik herinner me niet meer of mijn vader me toen de een of andere goede raad heeft gegeven, in die paar paar dagen dat we voor
het laatst bij elkaar waren. Inzichten die hij had over de dood, het
leven, of wat dan ook. We praatten niet over God. Hij vroeg me
niet om de een of andere belofte te doen aan zijn sterfbed. Hij

vroeg me ook niet om iets aan mezelf te veranderen. Hij vroeg me zelfs niet om door te gaan op de weg die ik was ingeslagen. Mijn vader was nogal gesloten. Ik herinnerde me dat ik destijds het gevoel had dat zijn aanvaarding, of althans ogenschijnlijke aanvaarding, van zijn sterven het voor mij een beetje makkelijker maakte.

Een van de dingen die ik wilde doen voordat ik stierf was om mijn persoonlijke relaties 'af te wikkelen' of af te sluiten – of, zoals ik het zag: *op een schitterende manier af te ronden.* Maar waarom wilde ik dat? Waarom zou je deels symbolisch, deels letterlijk willen breken met iedereen die je met genoegen hebt gekend en van wie je houdt? Ik kwam er al gauw achter dat niet iedereen bij wie ik onze wederzijdse relatie wilde afronden, begreep waarom ik dat deed, of het eens was met de manier waarop ik het deed. Maar toen ik er eenmaal mee begonnen was, voelde het goed. Bovendien meende ik dat anderen, vooral mensen die nog veel langer dan drie maanden te leven hadden (enkele tientallen jaren bijvoorbeeld) baat zouden kunnen hebben bij mijn aanpak of die in elk geval zouden kunnen overnemen in een vorm die bij hen paste.

Ik had vier redenen om mijn relaties expliciet af te ronden:

- Ik meende dat het mij én de persoon van wie ik afscheid nam meer geluk dan verdriet zou brengen (en geloof me: ik besefte wel degelijk met hoeveel verdriet dit gepaard zou gaan)
- Het gaf me iets belangrijks om me mee bezig te houden, iets dat me dwong om goed na te denken over de dingen waarover je volgens mij moet nadenken – dingen waar de meeste mensen waarschijnlijk over zouden moeten nadenken
- Door mijn aard en opleiding zat het als het ware in mijn genen om dingen formeel af te sluiten

En ten slotte, maar zeker niet in de laatste plaats:
- Ik kon het.

Om te beginnen mijn eerste motief: *het zou mij én de persoon van wie ik afscheid nam meer geluk dan verdriet brengen.*

Daar zitten in wezen twee kanten aan. Hoe zou het allereerst *mij* geluk kunnen brengen? Dat is niet zo moeilijk. Toen ik inventariseerde van wie ik allemaal afscheid wilde nemen – de mensen met wie ik contact wilde opnemen en die ik voor het laatst wilde ontmoeten – stopte ik bij elke naam die ik noteerde en dacht terug, tot in de kleinste details die ik me maar kon herinneren, aan al die prettige momenten die wij met elkaar hadden beleefd. Hoe we elkaar hadden ontmoet. Waarom we überhaupt vrienden waren geworden. De kwaliteiten in de ander die ik bij uitstek waardeerde. Wat ik had geleerd doordat ik hem of haar had leren kennen. Waarom ik er een beter mens door was geworden.

Kortom, deze oefening dwong me om precies dat te doen wat wijzere mensen ons zo af en toe aanraden: maak eens pas op de plaats, en geef je rekenschap van al die mensen van wie je houdt. Vraag je daarbij af waarom je van hen houdt. En vertel hun ook expliciet wat je voor hen voelt. Want je weet nooit of je die gelegenheid nog een keer krijgt. (Maar dan kom ik al bij mijn vierde motief, en ik wil mezelf niet voorbijhollen.)

Het gaf me ook een goed gevoel mijn relaties af te ronden omdat dit me de gelegenheid bood me voor de geest te halen voor wie *ik* iets had betekend, ook al was dat misschien maar iets heel kleins. Het aantal alleen is natuurlijk niet zaligmakend, maar ik was toch verbaasd om te zien op hoeveel mensen ik uit kwam. (Als u dit deed, dan zou u ook versteld staan hoe groot die kring mensen om u heen wel niet is.) Alleen al het grote aantal gaf me bijzonder veel voldoening.

Dan die andere kant van mijn eerste reden: waarom zou een formele afronding de ander meer geluk dan verdriet brengen – als er al sprake kon zijn van geluk? Zadelde ik hen niet op met iets vreselijks? Vroeg ik hun misschien iets waar ze helemaal geen trek in hadden? (Beter gezegd: dwong ik hen er niet toe, want *ik* was per slot van rekening degene die zou sterven?) Misschien hadden heel wat mensen op mijn afrondingslijst liever zo min mogelijk met mij te maken – al was het misschien niet zozeer om wie ik was als wel om wat ik vertegenwoordigde: de dood.

Dat bleek ... echter niet zo te zijn.

Voor sommigen was het niet alleen verdrietig maar zelfs onthutsend (ik kom daar nog op terug) om een allerlaatste keer met me te corresponderen, een hapje te gaan eten of door het park te wandelen. (Vaak was die rustige wandeling samen overigens niet alleen de laatste maar ook de eerste ...) Toch merkte ik al gauw hoe dankbaar anderen waren om deze gelegenheid te krijgen, dat beetje tijd uitsluitend voor ons tweeën, enkel en alleen bedoeld als eerbetoon aan de unieke band die wij met elkaar hadden, en met niemand anders. Vanwege de ernst van de situatie moesten mijn vrienden, collega's en kennissen zich rekenschap geven wat ik voor hen betekende, en zij voor mij. Het raakte hen (soms werden ze erdoor overweldigd) te horen hoeveel zij voor mij hadden betekend. Ik vertelde hun dat ik dankbaar was dat zij mijn pad hadden gekruist, dat zij de goede dingen die zij te geven hadden, en hun talenten, met mij hadden gedeeld. Door mijn relaties op deze manier af te ronden, probeerde ik hun iets speciaals te geven, als het ware om te compenseren voor al die dingen die we niet meer samen zouden doen omdat ik er niet meer zou zijn. Ik wilde hun iets van mij geven, iets wat hun een beetje geluk zou bezorgen – nu en misschien later ook. Als ik bijvoorbeeld een mentor was geweest voor iemand, wilde ik iets doen om die persoon het gevoel te geven dat hij of zij nog steeds werd begeleid. Ik wilde dat we ons in deze afrondende ontmoetingen vooral concentreerden op de plezierige herinneringen en niet de nare dingen. Daar hoefde ik meestal echter niets voor te zeggen. Dat voelde de ander instinctief aan. Volgens mij voelt iedereen zoiets wel aan. Niemand vond dat moeilijk. De optimist in mij zag daarin het bewijs dat alles wat plezierig en constructief was aan onze relatie zich niet wilde laten verslaan door het verdrietige en abrupte einde ervan. Het hadden ontmoetingen vol tranen en onuitgesproken gedachten kunnen zijn, overschaduwd door de dreiging van het einde. Maar in verreweg de meeste gevallen keken we blij en hebben we gelachen. Als we elkaar ontmoetten, dan kon ik het in hun ogen zien. Als we over de telefoon afscheid namen, dan hoorde ik het in hun stem. En als we elkaar een laatste keer schreven of mailden, dan las ik het in hun woorden. Zolang we onze relatie maar op een positieve manier afrondden, ontleenden we er allebei veel steun aan.

↩

Mijn tweede overweging om mijn relaties met mensen formeel af te ronden – goed nadenken over de dingen waarover ik moest nadenken – ligt nogal voor de hand. Om te beginnen, kwamen er dan goede herinneringen boven. Maar bovendien bleef ik me zo ook concentreren op het leven – en niet op de dood. Mijn aandacht bleef uitgaan naar mijn vele banden met mensen, niet naar mijn eenzaamheid in de wereld. Mijn afrondingen met mensen hielden me gericht op verbinding, en dat is – of je nu gelovig bent, zoals ik, of niet – balsem voor de ziel. Ik ben sowieso niet iemand, denk ik, die zich bezighoudt met dingen die er niet toe doen. Dit mechanisme dat ik mezelf had opgelegd – om me te concentreren op deze belangrijke ontmoetingen waarin ik mijn relaties afrondde – zorgde er echter voor dat ik bijna altijd nadacht over wat belangrijk was.

De derde reden: *ik deed het omdat ik nu eenmaal iemand ben die graag dingen afrondt.*

Dit hoef ik waarschijnlijk niet uit te leggen. Ik kreeg op een dag te horen dat ik nog drie maanden te leven had. Twee dagen maakte ik een lijstje met actiepunten. Dan ben je duidelijk iemand die ervan houdt en het nodig heeft om dingen af te ronden. Als CEO had ik altijd het gevoel dat niets werkelijk zou lukken – en vaak niet eens kon bestaan – tenzij er grenzen waren gesteld, doelen waren afgebakend, en het eindresultaat duidelijk was. Per slot van rekening: al mijn persoonlijke relaties zouden eindigen met mijn dood. Waarom zou ik ze dan niet afsluiten op een manier waarbij ik er zelf nog iets over te zeggen had? Ik besef dat daar de zakenman in doorklinkt. En ik weet ook dat het leven doorgaans rommeliger is dan het bedrijfsleven – maar misschien ook weer niet zo heel veel rommeliger. Had ik mijn firma goed kunnen leiden zonder allerlei transacties af te ronden – een rekening, een project, het boekjaar? Natuurlijk niet. En met de afronding kwam ook de voldoening. Het *bewijs* dat er iets waardevols tot stand was gebracht. Het was, ten slotte, iets dat ik kon verwerken en begrijpen. Waar ik van kon genieten. Dat ik kon waarderen. En waarvan ik kon leren. Stel dat ze de regels in het honkbal veranderen, zodat een wedstrijd niet meer per se *hoeft* te eindigen na negen innings (waarbij een van de twee teams meer runs heeft gemaakt). Dat zou het spel plotseling veel minder interessant maken. De honkbalwedstrijd van mijn leven eindigde echter wel degelijk na zes in plaats van de voorgeschreven negen innings. Daar kon ik niet onderuit.

Als ik mijn relaties niet afrondde, dan zouden enkele (niet allemaal, maar enkele) van mijn allerbelangrijkste relaties nooit ten volle kunnen worden erkend en begrepen – niet door mij, en niet door de ander. Dat zou voor ons allebei een verlies zijn geweest.

En dan nu mijn vierde en laatste reden: *ik rondde mijn leven af omdat … ik het kon.*

Aan het begin van dit boek noemde ik het een voorrecht dat ik te horen had gekregen dat ik nog maar enkele maanden te leven had. Dat bedoelde ik heel serieus. Hoe tragisch mijn situatie misschien ook lijkt, ik had tenminste nog de gelegenheid om als laatste iets te doen wat de meeste mensen niet kunnen: alle relaties af te ronden die iets voor mij betekenden. Niet iedereen die kort voor zijn of haar dood staat, verkeert in de omstandigheid waarin ik verkeerde: ik was nog jong, had geen fysieke pijn, was geestelijk meestal bij de les, en had mensen om me heen die van me hielden. Sterker nog, ik durf de stelling aan dat maar betrekkelijk weinig mensen die gelegenheid krijgen. Veel mensen die hun relaties misschien ook willen afronden, net zoals ik, wachten daar waarschijnlijk te lang mee. Of ze verliezen de mogelijkheid. De rest denkt er misschien niet eens over na en weet dus ook niet hoeveel geluk en inzichten ze mislopen als ze hun relaties niet expliciet afronden. (Zelf ontdekte ik dat ook pas toen ik het deed.)

Een van de grote zegeningen van mijn leven, mijn welvarende Amerikaanse leven – en het spijt me niet als ik sentimenteel of patriottisch overkom – was dat ik in mijn laatste dagen oprecht kon genieten, net zoals ik gedurende mijn leven had genoten. Dat kon ik gewoonweg omdat ik de mogelijkheid had gekregen om mijn relaties af te ronden.

⌐⌐

Goed dan, er was ook nog een andere reden – en die was misschien nog wel het allerbelangrijkste.

Door mijn relaties af te ronden kon ik een balans vinden in elk van die relaties. Daarmee wil ik niet zeggen dat ik een lijstje bijhield met gebaren of vriendelijke dingen die anderen en ik hadden gedaan. Voordat ik deze wereld verliet, wilde ik echter een soort balans vinden. (En als ik die balans niet vond, moest ik hem zelf creëren.) Ik was er namelijk niet van overtuigd dat ik een bijzonder evenwichtig leven had geleid, zeker niet de laatste paar jaar. Door mijn relaties af te ronden, kon ik op dat punt met mezelf in het reine komen.

Op een avond, slechts enkele dagen nadat mijn diagnose was bevestigd, ging ik aan de eettafel zitten en tekende het volgende diagram uit op een notitieblok:

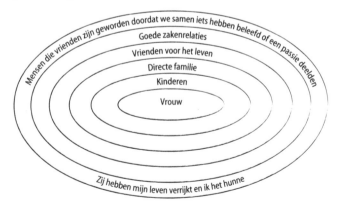

Ik wilde deze ringen van buiten naar binnen afwerken. Per slot van rekening kun je niet als eerste je allerbelangrijkste relaties afronden en die vervolgens laten voor wat ze zijn terwijl je afscheid neemt van veel minder belangrijke contacten, zoals kennissen en studiegenoten van vroeger. Dat zou onzinnig zijn. Bovendien: naarmate mijn dood dichterbij kwam wilde ik meer volstrekt ononderbroken tijd kunnen doorbrengen met mijn gezin. Daarom dacht ik goed na over de volgorde waarin ik afscheid wilde nemen van mensen.

Tegelijkertijd was er ook best iets voor te zeggen om het in de omgekeerde volgorde te doen. Immers: als je wegglijdt (zoals in mijn geval, en zoals bij de meesten die ter dood zijn veroordeeld), kun je dan niet beter eerst je allerbelangrijkste relaties afronden? Dan kun je daar tenminste nog de meeste energie in steken. Als je dan nog energie over hebt en het nog steeds wilt, kun je *vervolgens* je minder intieme relaties afwikkelen. Stel eens dat ik minder tijd had dan ik dacht (wat heel goed mogelijk was, ongeacht of ik nog doelen moest bereiken of er geen meer over had), en ik kostbare dagen en energie had besteed om afscheid te nemen van contacten die minder waardevol voor me waren dan mijn innigste relaties … wat dan?

Maar ik moest kiezen. En steeds opnieuw kwam ik uit op het diagram dat die avond als eerste had getekend. Het afscheid van mijn kinderen en mijn vrouw zou natuurlijk het moeilijkst zijn. Dat moest ik dus tot het allerlaatst bewaren.

Vervolgens besloot ik dat elk afscheid zo speciaal mogelijk moest zijn. Het kon niet alleen maar de laatste van een reeks ontmoetingen zijn. Het moest ook iets bijzonders zijn, iets waardoor die ontmoeting opwoog tegen de verdrietige aanleiding ervoor. Ik wilde ervoor zorgen dat de setting van onze laatste ontmoeting leuk was, iets om van te genieten. Met lekker eten en goede wijn. Of op een prachtige plek, waar we samen konden uitkijken over het water of bloemen. Of ik koos iets dat bij uitstek bij die ander paste, het juiste *thema* voor ons afscheid. Met Scott, de zoon van een goede vriend en een heerlijk joch met wie wij naar heel wat wedstrijden van de 49'ers waren geweest toen we in San Francisco woonden, heb ik bijvoorbeeld via e-mail allerlei goede herinneringen uitgewisseld (ook aan die ene keer dat we tickets op de zwarte markt verkochten). Daarna heb ik op eBay een Joe Montana *rookie card* gekocht en hem bij wijze van laatste gebaar opgestuurd.

Ik wilde niet het gevoel hebben, en de ander evenmin het gevoel geven, dat ik alleen maar ons gezamenlijke 'boek' wilde sluiten. Ik wilde hun een onverwacht hoofdstuk meegeven, een waardevol en onvergetelijk hoofdstuk.

∽

De relaties in de buitenste ring afronden leek één groot geschenk.

Dit waren mijn vroegere klasgenoten, kennissen, collega's van jaren geleden, buren, en waar de mensen bij verenigingen en organisaties waar ik deel van uitmaakte. Dit waren mensen die mijn leven hadden verrijkt, gewoon doordat ze er deel aan hadden genomen. En volgens mij had ik hun leven ook verrijkt doordat we samen iets hadden beleefd of hadden gedeeld: de business school, onze passie voor wijn, liefdadigheidswerk, de San Francisco 49'ers, noem maar op. Toen ik me eraan zette om iedereen voor deze buitenste ring te noteren, kwam ik tot mijn stomme verbazing uit op bijna duizend namen. Duizend! Natuurlijk: door mijn topmanagementpositie was ik vooral in de afgelopen tien jaar in contact gekomen met veel meer mensen dan anders het geval zou zijn geweest. Maar toch was dit voor mij het bewijs dat wij allemaal, ieder van ons, het leven van veel meer mensen raken dan we beseffen – vooral ook omdat we dit niet heel consequent, als een soort boekhouder (!), bijhouden maar er slechts een vaag en willekeurig getal voor in ons hoofd hebben. Ik vond het verbijsterend – zelfs schokkend en misschien zelfs tragisch – dat we in ons leven gaandeweg zoveel mensen konden vergeten die ons kleine maar fantastische ervaringen en geneugten hadden bezorgd. En even treurig dat die vergeetachtigheid of zorgeloosheid, of ons onvermogen om ook maar even bij de dingen stil te staan, betekende dat we al die mensen niet bedankten voor wat ze voor ons hadden gedaan.

Wat een ongelooflijk aantal: duizend. Er kwamen ontzettend veel aangename herinneringen bij me boven, dingen waar ik al in geen jaren meer aan had gedacht. Dingen, bovendien, waar ik zonder mijn ongeneeslijke hersentumor misschien ook nooit meer aan zou hebben gedacht – buiten een enkele incidentele, louter toevallige en willekeurige associatie. Ik stond er versteld van hoe vol mijn leven eigenlijk was geweest, en hoeveel andere levens het raakte.

Het lijkt misschien een luxe om meer dan zomaar wat tijd aan deze buitenste ring te hebben besteed. Het gaf mij echter bijzonder veel voldoening. Ik was blij dat ik de gelegenheid had om contact met hen op te nemen.

Beste Martin,
… Ik heb vooral genoten van dat ene partijtje golf dat we destijds in de stromende regen in Schotland hebben gespeeld.

> Beste Steve,
> … Ons diner destijds in L'Impero was heel bijzonder en vorm-
> de een schitterende decor voor ons gesprek.

> Beste Richard en Elaine,
> … Ik prijs me gelukkig dat we enkele geweldige herinneringen
> met elkaar delen – vooral het skiën in Aspen vorig jaar.

Maar toch: ik was stervende. Daarom, en ook vanwege het ongelooflijk grote aantal mensen in de buitenste ring, kon ik deze relaties niet allemaal 'afronden'. Uiteindelijk heb ik dat bij misschien
de helft gedaan. Misschien nog niet eens de helft. Noodgedwon-
gen bijna allemaal via e-mail, in een paar gevallen per telefoon.

Ik vertelde de ander dan hoezeer ik hem of haar waardeerde, en
hoe dankbaar ik was. Ik probeerde me bovendien te concentreren
op iets dat voor onze relatie een bijzondere betekenis had. Ik probeerde om van die laatste keer iets te maken wat ik een 'Perfect
Moment' ben gaan noemen.

Wat was dat – een Perfect Moment? Meestal wist ik het niet van
tevoren, hoewel ik het soms kon zien aankomen. Soms kon ik zo'n
moment in de hand werken door omstandigheden te creëren die
er bevorderlijk voor waren. Maar ook ik wist echter nooit van
tevoren wat een bepaald moment nu precies perfect zou maken.
Een Perfect Moment was een klein geschenk van een moment,
een uur, of een namiddag. Hoe lang het precies duurde – dat deed
er niet toe. Belangrijk was vooral er open voor te staan. Het

bestralingsapparaat gaat kapot en een uur dat je nauwelijks kunt missen komt en gaat. Maar dan aanvaard je dat apparaten defect raken. Je raakt niet teleurgesteld. Je bedenkt dat teleurstelling verspilde energie is. En dus concentreer je je op iets prettigs. Het ritme van je eigen ademhaling. Het lijnenspel in het gezicht van de persoon die tegenover je zit in de wachtkamer. Het schitterende gedicht dat je dochter schreef, 'De angst van de reiziger'. De kleur van de lucht die je door het raam ziet.

Of je loopt met je vrouw langs het boothuis in Central Park – en alleen dat is al een Perfect Moment want het is een schitterende dag. Zo'n schitterende dag dat je met geen mogelijkheid een tafeltje kunt krijgen in het restaurant van het boothuis. Een dag waarop je doorgaans niet eens de moeite zou nemen om te vragen of er een tafeltje vrij komt. Maar dat was voordat je open stond voor alle momenten die het leven je kan bieden. En dus vraag je het dit keer wel. En komt er op de een of andere manier opeens een tafeltje vrij. Je gaat zitten. De serendipiteit waarmee de dag verloopt maakt hem perfect. Dan begint het halverwege je lunch opeens te regenen – er breekt een zwaar onweer los en de regen komt met bakken naar beneden. Een ware zondvloed. Normaliter vind je regen vervelend. Iets waar je omheen plant. Maar nu beschouw je de regen als een geschenk, als een tractatie.

Door me open te stellen voor Perfecte Momenten, besefte ik, had ik misschien mijn eigen manier gevonden om door te dringen tot mijn bewustzijn, tot het hier en nu. Zo had ik het eerst niet bekeken.

En dat op zich was op de een of andere manier perfect.

Ik probeerde iedere relatie af te ronden met een Perfect Moment. In elk geval probeerde ik om het zo te regelen dat er een Perfect Moment uit zou kunnen voortkomen. Ik belde sommige mensen op, en vertelde hun het nieuws. Natuurlijk reageerden ze geschokt en verdrietig. Maar dan vertelde ik hun dat ik hoopte dat we konden afspreken om een laatste keer over onze vriendschap te praten, zodat ik hun kon vertellen hoeveel zij voor mij hadden betekend. De meeste afrondende gesprekken die ik hadden waren uitdrukkelijk tweerichtingsverkeer – zowel door wat we er allebei in stopten als door wat we er ook allebei uit haalden. (Maar ik besef dat sommige lezers zullen vinden dat dit allemaal erg klinkt als eenrichtingsverkeer – *mijn* richting.) Het waren spannende gesprekken: ze gingen over dingen uit het verleden – meestal de goede dingen. Maar toch hadden we nog nooit eerder zo'n gesprek als dit gehad. Ik had het gevoel – en ik denk de meeste anderen ook – alsof deze afrondende gesprekken ons de gelegenheid boden om iets bijzonders te creëren in het heden, iets wat er nog nooit eerder was geweest. Niets wat we deden was sleets. Ik zeg misschien wel dat dit *afsluitende* ervaringen waren, maar voor het merendeel waren het opmerkelijk open ervaringen. En hoewel ik ook het woord *afwikkelen* in de mond neem, wat zoveel betekent als losraken of wegvallen, verbonden deze gesprekken en ervaringen mij misschien meer met die andere persoon dan ooit tevoren. Dat gold zeker voor mijn relaties in de buitenste ringen.

Neem bijvoorbeeld mijn voormalige kamergenoot aan de universiteit, Doug, die journalist was geworden. Wij spraken elkaar inmiddels één keer per jaar maar we deelden een gemeenschappelijk verleden en we hadden elkaars gezelschap altijd op prijs gesteld. We waren geïnteresseerd in wat de ander deed. Ik schreef hem een briefje.

Doug,

*Zoals je misschien hebt gehoord laat mijn gezondheid me in de
steek: ik heb kanker in een vergevorderd stadium.*

*Ik wil je hierbij vertellen hoeveel onze vriendschap gedurende al
die jaren sinds Penn State voor mij heeft betekend.
Ik wens je het allerbeste in je verdere leven.
God zegen je
Gene*

Ik was van plan om hem hierna op te bellen om mijn dankbaar-
heid toe te lichten. Maar ik wilde eerst alle goede herinneringen
die we met elkaar deelden overdenken. De zomer van ons eerste
jaar aan de universiteit, toen hij en ik in het kader van onze opleiding voor reserve-officier dienst hadden gedaan op de U.S.S.
Wasp, een vliegdekmoederschip uit de Tweede Wereldoorlog, en
Russische onderzeeërs in de Atlantische oceaan opspoorden. Al
die potjes kaarten tegen twee jongens uit Miami of Ohio. Vier
maaltijden per dag en het werk op het vliegdek of in machine-
kamer waar het zo ongelooflijk heet kon zijn.

Doug belde het eerste. Nee, hij had het nog niet gehoord en was
geschokt. Maar we hadden een goed gesprek. We praatten een
beetje over het verleden. Op gegeven moment herinnerde hij me
eraan dat ik van onze groep steeds als eerste bepaalde mijlpalen
had bereikt. Ik was de eerste geweest die trouwde, de eerste die
vader was geworden. Nu was ik ook de eerste die overging naar
het volgende leven. Hij en de andere jongens zouden zich later bij
me voegen, zei hij.

Tegen het einde van ons gesprek vertelde ik Doug hoezeer ik waardeerde wat hij aan mijn leven had toegevoegd. Hij zei hetzelfde. Ik kreeg geen tranen in mijn ogen en, voor zover ik het kon horen, hij ook niet.

'Het is zoals het is,' zei ik.

De vonken schoten er niet vanaf. We zaten niet aan een overheerlijke chocoladetaart, keken niet uit over de Grand Canyon. Toch voelde het aan als een Perfect Moment.

Ten slotte zei Doug: 'Vaarwel.' Niet 'Het ga je goed' of 'Houd moed'. Geen platitudes of ontkenning. Alleen maar vaarwel. Ik stelde dat bijzonder op prijs.

⌒

Ik heb altijd een scherp oog voor de details gehad, en ga van nature gedegen te werk. Ik moest me er dus wel rekenschap van geven dat mijn buitenste ring relaties me heel veel tijd zou kunnen kosten als ik niet oppaste. Dat zou uiteindelijk ten koste gaan van mijn meer intieme kringen. Ik besefte dat ik in mijn leven tot nu toe onbewust misschien te veel bezig was geweest met die buitenste ring. In mijn werk, waar voortdurend beslag werd gelegd op mijn tijd, had ik de gewoonte ontwikkeld om met bepaalde mensen om te gaan – prima mensen, aardige mensen, maar toch: mensen in de buitenste ring. Was het nu echt nodig geweest om daar vier keer per maand mee te ontbijten? Dat had ook wat minder intensief kunnen zijn.

Als ik eerder in mijn leven, toen ik dacht dat ik nog een eeuwigheid te gaan had, op de een of andere manier het idee had gekregen om mijn relaties op deze manier – in ringen – in kaart te brengen, dan had ik voor mezelf duidelijker kunnen afbakenen dat bepaalde mensen heel belangrijk voor me waren – en andere minder belangrijk. Dan had ik mijn tijd (of energie) misschien beter verdeeld. Misschien had ik dan in de afgelopen tien jaar de tijd gevonden om wat vaker door de week met mijn vrouw te lunchen dan … slechts twee keer.

Waar had ik in vredesnaam het lef vandaan gehaald om er zo op te hameren dat onze firma haar cultuur moest veranderen? Dat ze onze partners en medewerkers moest stimuleren om meer balans te krijgen in hun leven? Terwijl die balans in mijn eigen leven zo ver te zoeken was?

Ik realiseerde me dat duizend mensen in je buitenste ring niet iets was om trots op te zijn. Het was eerder iets om voor te waken. Begrijp me niet verkeerd: die vijfde ring is leuk. De mensen erin zijn waardevol, en ze behoren bij weer andere mensen tot de kern van het leven. Ik had er zelf bij nader inzien echter minder tijd en energie aan moeten besteden.

Het kostte me bijna drie weken om de vijfde ring te doorlopen, en toen had ik hem af.

Door deze schil af te leggen, en daarna de volgende schillen, vereenvoudigde mijn leven naarmate ik dichter bij de binnenste ringen kwam. Drie weken is echter veel tijd voor je buitenste ring aan relaties als je nog maar drie maanden te leven hebt. Te veel.

Ik had me erop verkeken en hoopte dat ik het niet zou hoeven bezuren.

Door naar de volgende ring.

⤺

Ja, naarmate ik er meer over nadacht begon ik me iets te realiseren. Ik probeerde uit alle macht om heel bewust, hier en nu, te leven. Maar ik was dat al gaan doen. Enkel door dingen los te laten en te genieten van het concrete moment dat ik bij de hand had. Het lijkt misschien wel dom van me dat ik dit niet meteen inzag.

Maar op de een of andere manier vond ik het ook wel weer begrijpelijk dat ik dat niet meteen had begrepen.

In een Perfect Moment stond de tijd nagenoeg stil. Een Perfect Moment kon een uiterst intens telefoongesprek van vijf minuten zijn, of een genoeglijke maaltijd van vier uur met goede wijn en een goed gesprek. Het kon in principe eindeloos duren, want het was niet het specifieke moment dat je creëerde maar de juiste sfeer waarin het tot bloei kon komen.

Naarmate ik meer Perfecte Momenten ervoer, begon ik ook meer en meer te denken dat er ook een Perfecte Dag kon zijn, wat niet meer was dan een aaneenschakeling van allemaal Perfecte Momenten. In een perfecte wereld kon een Perfect Moment de hele dag duren en misschien nog wel langer. Misschien wel de rest van je leven.

⌒

Ik genoot van de vele Perfecte Momenten ik nu meemaakte. Ik werd er beter in. Het was schitterend. Ik had altijd enorm genoten van het drukke bestaan dat ik vroeger leidde. Toch bedacht ik onwillekeurig hoe zeldzaam dit soort momenten vroeger waren geweest, en hoeveel ik er nu meemaakte. Natuurlijk: vroeger waren er ook wel Perfecte Momenten geweest. De dag dat ik met Corinne trouwde. De dag dat ik Marianne als dochter adopteerde. De geboortedag van Gina. De dag waarop ik vennoot werd in de firma.

Al die momenten had ik echter van tevoren zien aankomen. Het waren niet de alledaagse dingen waar het leven nu eenmaal vol van zit. Misschien dat andere mensen het perfecte, dat in kleine momenten zit, op prijs weten te stellen. (Ik weet zeker dat heel, heel veel mensen dat kunnen.) En misschien was ik gewoon altijd veel te veel in beslag genomen door mijn razendsnelle en uiterst drukke leven om oog te kunnen hebben voor het sublieme dat erin besloten lag. Wie weet. Het perfecte in de momenten die ik ervoer was echter niet zozeer dat het om de kleine dingen van het leven ging, maar vooral dat erdoor werd verrast. Het waren momenten die me bijna terloops overkwamen. In mijn vorige leven, toen ik nog niet met zekerheid had kunnen voorspellen in welk jaar ik zou sterven, maakte ik die spontane schoonheid maar zelden mee. Of laat ik maar liever zeggen dat ik het te druk had om er open voor te staan.

Ik kon me wel een Perfect Moment herinneren in Schotland. Ik had er altijd van genoten om daar te golfen. Zo'n *links*-golfbaan is een heel aparte uitdaging. Heuvels die als golven door het landschap rollen. De zeewind. Ruw zoals je hem nooit eerder hebt meegemaakt. Daglicht tot na tien uur 's avonds. De geschiedenis. De traditie. Er was iets magisch aan deze golfbanen. Sterker nog, dat was niet alleen een gevoel – er leek bijna tastbaar energie uit de bodem omhoog te stralen.

Op een keer speelde ik op Royal Dornoch bij Inverness toen ik vanuit de bodem een schok kreeg. Ik voelde gewoon hoe de energie langs mijn arm en door mijn handen stroomde. Het was geen aardbeving. Ik voelde me buitengewoon bewust van iets. Ik kan het niet anders onder woorden brengen.

Later bleek dat ik er niet ver naast zat. Kennelijk lopen er door heel Groot-Brittannië 'lay-lines' – aderen in de aarde die elektromagnetische of zwaartekrachtenergie afgeven. Deze lay-lines zijn in kaart gebracht en hun stroming kan worden gemeten. (Ze zijn vergelijkbaar met de ondergrondse waterkanalen die de elektromagnetische straling afgeven die je met een wichelroede opspoort.) Door heel Groot-Brittannië zijn er tempels bovenop enkele van de sterkste lay-lines gebouwd. Stonehenge bijvoorbeeld. (Het concept achter deze lijnen is een essentieel aspect van de Chinese feng shui-kunst.) Er wordt gezegd dat sommige mensen (niet iedereen) gevoelig zijn voor deze stroming. Ik leek er een van te zijn. Corinne ook. Misschien waren deze golfbanen daarom wel zo magisch. In elk geval was het een magisch moment.

Inmiddels ervoer ik geregeld zo'n verhoogd bewustzijn. Sommige mensen zijn bijzonder gevoelig voor licht. Sommigen voor geluid. Anderen voor geuren. En weer anderen voor kinderen of dieren. Ik had het gevoel alsof ik eenvoudigweg gevoelig was geworden voor het leven zelf.

～

Gaandeweg (geleidelijk, heel geleidelijk) kon ik steeds minder. Mijn incidentele teleurstellingen daarover groeiden uit tot een commerciële openbaring over die ene grote gemiste kans: consumentenproducten, vond ik, moesten veel eenvoudiger zijn. Veel en veel eenvoudiger. Er waren veel te veel dingen in één enkel apparaat verwerkt. Te veel functies. Ik wilde eenvoud. Ik had niet verwacht dat ik al zo vroeg in mijn leven gehandicapt zou zijn. Een paar maanden geleden hopte ik nog van continent naar continent, draaide weken van negentig uur en kwam op de golfbaan soms zelfs boven de negentig uit. Maar zo stonden de zaken er nu eenmaal voor. En ik kon me behoorlijk ergeren aan mobieltjes die van alles konden waar ik geen behoefte aan had en die ik niet langer intuïtief kon bedienen. Camerafunctie aan of camerafunctie uit – ik raakte erdoor in de war. Ik had geen telefoon gekocht omdat ik een camera wilde hebben. Ik had een mobieltje gekocht omdat ik een telefoon nodig had. Ik hoefde geen ringtones te downloaden, spelletjes of toegang tot internet. Waar ik behoefte aan had, was een lijst waarmee ik snel de mensen kon bellen die ik nodig had als er iets mis ging – mijn artsen, mijn gezin. Ik had mijn telefoon alleen maar nodig om mensen te bellen. Was dat te veel gevraagd? Jongeren zijn goed in multitasking, ik niet – althans niet meer. Ik begon me eraan te ergeren dat het Amerikaanse bedrijfsleven zich zo nadrukkelijk had geconcentreerd op de markt voor jongeren. Geef me meer eenvoud – nóg meer eenvoud. Ik was er bovendien van overtuigd dat al die andere oude en oudere mensen, en gepensioneerde mensen, en zieke mensen, dat ook allemaal wilden. Maak die mobiele telefoon eenvoudiger. Maak die computer eenvoudiger. Maak die Blackberry eenvoudiger. Dit moest gewoon een gat in de markt zijn. Ga ervoor – wie dan ook. Kies de kunst van het weglaten, voor iedereen die snakt naar eenvoud.

Begonnen nu ook mijn verstandelijke vermogens af te takelen? Was dit een vorm van wijsheid – of had ik ze gewoon niet meer op een rijtje?

Ik wist het niet. Ik wilde gewoon alleen maar een gebruiksvriendelijke mobiele telefoon.

Zonder die stomme camera.

⌒

Ik herinnerde me een moment van vroeger, ook iets wat ik niet had zien aankomen. Het was opnieuw op een golfbaan: mijn favoriete club, Olympic, even buiten San Francisco. Ik liep de fairway af langs een klein vijvertje. Opeens duikt slechts een paar meter van me vandaan een havik naar beneden, plukt een vis uit het water, scheert rakelings langs mijn hoofd weer omhoog en verdwijnt achter de boomtoppen.

Het was een werkelijk Perfect Moment. Alleen besefte ik dat toen niet.

Overgang

De dood bestaat niet! Wat op de dood lijkt, is slechts een over-
gang;
Dit leven van eindige ademhaling
Is slechts een buitenwijk van het leven in het Paradijs,
En de poort daartoe noemen we de Dood.
  – Henry Wadsworth Longfellow

Eindelijk had ik mijn ding gevonden.
Water.

Op een ochtend, vóór de bestraling, gingen Corinne en ik naar the Cloisters, het middeleeuwse kasteel-museum aan de Upper West Side van Manhattan. Ik had dat altijd een bijzonder prettige plek gevonden vanwege de oorsprong ervan, de rijke geschiedenis. We zaten in de door hoge muren omgeven binnenplaats naast de kruidentuin. Ik besloot me opnieuw op mijn bewustzijn te concentreren.

Deze keer lukte het.

'Oh,' zei ik. 'Het water. Met water lukt het wel.'

In het midden van de binnenplaats was een grote stenen fontein. Daar keek ik graag naar – naar de in elkaar draaiende water-stralen, en naar de kleur (of kleurloosheid) van het water. En ik luisterde er graag naar. Sterker nog: misschien genoot ik zelfs vooral van dat geluid van het stromende water, dat door de hoge muren en de beslotenheid van de binnenplaats een extra accent kreeg. Ik wist het meteen: dit was mijn plek.

Tot op dat moment had ik me nooit zo beziggehouden met water. Het had geen speciale betekenis in mijn leven gehad. Niet als kind, en niet als volwassene. Ik kon niet bijzonder goed zwemmen, was geen zeiler. Mijn schoonvader, een fanatiek zeiler, nodigde me een keer mee uit varen op zijn boot. Ik nam een zeilpak mee (we zouden door de baai van San Francisco varen), en toen het zover was sprong ik enthousiast aan boord ... om vervolgens de hele tocht kokhalzend (althans, ik probeerde over te geven) over de railing te hangen. De eerste keer dat ik ging waterskiën viel ik en wilde of kon ik het touw niet loslaten, zodat ik als een lapjespop op een neer kaatsend over het water werd gesleurd. Kortom, ik was niet bepaald een geboren waterrat.

Kennelijk was water echter mijn medium. Door ernaar te kijken en te luisteren kon ik mijn geest tot bedaren brengen. Daardoor kon ik me het moment, waarin ik me bevond, verbeelden. Of beter gezegd, mijn tot rust gekomen geest kon mijn gedachten naar het volgende stadium voeren, wat dat dan ook was. Misschien werkte het daarom wel voor me: omdat water, doordat het zo vrij stroomde, in een natuurlijke overgangstoestand leek te zijn.

Elke dag probeerde ik een half uur of langer in een 'andere toestand' of 'staat' van verhoogd bewustzijn door te brengen, geholpen door de aanblik en het geluid van het water. Dan was ik niet echt meer in de materiële wereld, maar ik stond er ook niet geheel buiten. Ik had het gevoel alsof ik ertussenin zat. In een overgangssituatie.

Eerst keek ik naar het water. Vervolgens sloot ik mijn ogen. Dan luisterde ik naar het water. Ik concentreerde me op de volgende wereld. Ik ervoer dan hoe die wereld was.

Als ik naar the Cloisters ging, had ik het gevoel alsof ik ergens terugkwam. Het leek wel alsof die plek voor me gemaakt was. Soms vind je wat je zoekt op een plek waar je het nooit had verwacht.

Op de dagen waarop ik niet de energie had om naar the Cloisters te gaan, keek ik vanuit onze woonkamer naar de East River. Dan moest ik het helaas doen zonder het geluid van het stromende water. Op de dagen dat ik er wel de kracht voor had, waren we tegen tien uur 's ochtends op mijn speciale plek op de binnenplaats van the Cloisters. Dan sloot ik mijn ogen en ontspande me. Wat ik nog aan troep moest zien los te laten, viel dan van me af. In het begin verkeerde ik ongeveer een half uur in die 'overgangs'-toestand. Later mediteerde ik bijna een heel uur lang. (Hoewel ik me niet bewust was hoe lang het duurde; Corinne mediteerde ook terwijl ik mijn toestand verkeerde, en zij vertelde het me na afloop.)

Dan kwam ik er weer uit, en zaten we daar samen. Ik beschreef haar dan welke ervaring ik had gehad. Ik vertelde haar welke inzichten ik had gekregen over mijn leven; of, als ik een keer niet zo ver weg was geweest als ik had gewild, hoe mijn toestand had aangevoeld. Op een keer vroeg ik haar: 'Hoe weet je eigenlijk dat je op de juiste plek bent?'

'Voor mij voelt het aan alsof mijn hart uit elkaar spat,' zei zij. 'Zoals wanneer je ongelooflijk opgewonden bent, of verliefd.'

'Zo voel ik het niet,' zei ik. Dat betekende echter niet dat het voor mij niet werkte, want dat deed het wel. Ik bevond me in een volmaakt vredige toestand. Ware rust. Ik was graag op die bijzondere plek. Als ik er wegging, voelde ik me scherper.

Maar hoe aangenaam het ook was, ik bleef er toch nooit langer dan een uur in. Op gegeven moment wist ik me er gewoon aan te onttrekken, in de geruststellende wetenschap dat het genoeg was geweest voor me. Ik wilde me nog niet door de engelen laten halen. Ik wilde weer terug naar de wereld, en iets gaan doen met Corinne, Gina zien, praten met Marianne, iets leuks meemaken. Ik had zin in vreselijk lekker eten, in nog meer van dat ongelooflijk rijke eten en die toetjes boordevol cholesterol waar ik me sinds mijn diagnose aan vergreep – in dikke sappige biefstukken, veel roomijs, bergen koekjes, lekker veel boter.

Ik was nog niet dood

〜

Een rivier verbindt de ene plek met de andere. Ik weet het: dat klinkt simplistisch. Een rivier is echter niets als ze niets met elkaar verbindt. Toch is dat ook weer niet het enige. Het kan ook ingewikkelder zijn. Een rivier kan een andere loop krijgen.

Kon ik maar uitleggen wat ik daarmee bedoel. Maar dat kan ik niet.

〜

Weken ben bezig geweest met de organisatie.

De uitvaart zou worden gehouden in St. James Episcopal Church, de kerk waar Corinne en ik altijd naartoe gingen om te bidden. Mijn kist zou naar binnen worden gebracht door zes begeleiders die ik al had gekozen. Ik hoopte dat het voor degenen die mijn kist naar binnen zouden duwen evenveel betekende dat zij waren uitgekozen als het voor mij betekende dat mannen van een dergelijk kaliber die verantwoordelijkheid op zich namen.

Ik koos de dominee die de preek zou geven; ik had altijd graag naar hem geluisterd.

Ik wilde *geen* orgelmuziek. Corinne had voorgesteld om iets met harp en fluit te kiezen. Daar had ik wel oren naar. Gina speelde al vanaf de lagere school fluit.

Er zouden veel familieleden en vrienden bij zijn. Collega's van KPMG en anderen uit het bedrijfsleven. Tim Flynn, mijn goede vriend en opvolger, zou iets zeggen. Ik hoopte Stan O'Neal ook. Niet alleen omdat hij een goede en trouwe vriend was, maar ook omdat hij als CEO van Merrill Lynch iets kon vertellen over de betekenis die werk en verantwoordelijkheid voor mij hadden gehad.

Mijn jongere broer William zou als laatste spreken. Om te beginnen natuurlijk wat hij zelf kwijt wilde. Maar hij zou ook dingen voorlezen die ik in de voorafgaande maanden had opgeschreven en hem had opgestuurd, woorden die ik pas gezegd wilde hebben als ik er niet meer was, voor Corinne, Marianne en Gina, ten overstaan van iedereen.

Ik hoopte heel erg dat Gina een gedicht zou willen schrijven voor de uitvaart. Ik kon me niet voorstellen dat ze in staat zou zijn om het ook zelf voor te lezen. Misschien kon haar oudere zus dat wel. Maar misschien zou het ook te moeilijk zijn voor haar om zo'n gedicht te schrijven.

Ik vroeg twee goede vrienden om de Ierse wake na de uitvaart te organiseren. Dat zou een viering van het leven zijn, een vreugdevolle bijeenkomst voor iedereen die mij lief was. Een gelegenheid voor hen om samen te komen en elkaar weer te ontmoeten, goede herinneringen met elkaar te delen, lekker te eten, zich bewust te zijn van hun samenzijn. Kortom, om een goed gevoel te hebben over het leven.

Hopelijk was het mooi weer, en niet nog meer van die hittegolf waar New York deze zomer al zo lang door werd geteisterd ... maar daar had ik nu eenmaal niets over te zeggen. Met een beetje geluk was het een heldere blauwe lucht met een licht briesje, een perfecte Newyorkse dag. Natuurlijk wist ik het niet zeker: zou het aan het eind van de zomer zijn? Of zou ik misschien de herfst nog halen? Ik vond het allebei best.

Ik zou worden gecremeerd. Wat er met de as moest gebeuren, dat wist ik nog niet zeker.

Ik had gehoord dat er plannen waren om kort na de uitvaart een aparte gedenkdienst te houden aan de westkust. Daar had ik veel vrienden en zakenrelaties uit mijn tijd aan Stanford Business School en vervolgens mijn vele jaren bij de kantoren van mijn firma in San Francisco en Palo Alto. Ik wilde mijn vrienden in Californië echter niet het gevoel geven dat ze voor mijn uitvaart moesten overkomen. Toen ik mijn relatie met een KPMG-partner afrondde – een beschermelinge en, vooral, een vriendin van me die door velen in de firma werd gerespecteerd – vroeg ik haar om een gunst. Zou zij alsjeblieft *uitsluitend* naar de dienst in Californië willen komen? Haar mening telde in brede kring. Andere mensen in en rond San Francisco zouden zich dan minder snel verplicht voelen om over te komen naar New York (met alle moeite en onkosten die dat met zich meebracht) om hun laatste eer te bewijzen.

Door alles zelf tot in detail te organiseren, benaderde ik mijn eigen uitvaart zo dicht als ik maar kon. Ik wist dat het perfect zou zijn. Net als onze bruiloft was geweest. Net als de bruiloft van Marianne was geweest.

Alleen … kon ik er zelf ook maar bij zijn.

⌒

Soms kostte het me moeite om uit mijn woorden te komen of mijn emoties tot uitdrukking te brengen. In dat soort momenten leek het wel (vertelde Corinne me naderhand) alsof er een schaduw over mijn denken was gevallen.

De beste vergelijking die ik kon bedenken, de eerste die in me opkwam, had opnieuw met golf te maken. En ik bedacht dat 'het daglicht najagen' meer dan alleen een mooie uitdrukking was. In dat soort momenten, waarin ik niet uit mijn woorden of emotie kwam, voelde het alsof ik op de golfbaan was en wist dat de bal ergens lag, maar hem nergens kon vinden.

↩

Waarom zou het laatste deel van je leven inderdaad *niet* het beste kunnen zijn? Natuurlijk, we maken onze ouder wordende ouders en onze grootouders mee als ze worstelen met de pijn en de problemen die de ouderdom met zich meebrengt. Maar als de fysieke pijn kan worden onderdrukt, wie zegt dan dat deze tijd in spiritueel en intellectueel opzicht niet de waardevolste tijd van ons leven kan zijn? Is het niet arrogant om te denken dat dat onmogelijk zou zijn?

Ik deed een keer mee aan een toernooi op de Monterey Peninsula Club en sloeg af voor een par 5. De slag leek goed maar de bal kwam helaas pal naast een stuk begroeiing terecht. Bij mijn tweede slag miste ik de bal. Ik sloeg er compleet naast – tot mijn grote schaamte. Natuurlijk telde die slag wel mee. Mijn derde slag was niet veel beter, want ik kwam ongeveer tweehonderd meter vóór de green uit. Met mijn vierde slag haalde ik eindelijk de green.

Ik liep de green op maar zag de bal nergens. Was hij er misschien vanaf gerold? Had ik hem misschien verder weg geslagen dan ik had gedacht, in het zand aan de andere kant? Ik keek, keek nog eens, toen nog eens.

De bal lag in de hole.

Ik had een birdie 4 gemaakt op een par 5 nadat ik één keer volledig mis had geslagen en een van mijn andere slagen bijna even jammerlijk was mislukt.

Een verrassing is volgens mij gewoon iets dat onherroepelijk zal gebeuren, maar waarvoor wij de gave missen om het te voorspellen.

∽

Het gaf me bijzonder veel voldoening om mijn relaties met mijn meest gewaardeerde zakenpartners – vrienden – af te sluiten, vooral als het collega's bij KPMG betrof. We deelden dezelfde missie (er een betere firma van maken), en hoewel ik er niet meer zou zijn om het mee te maken, bevestigden mijn laatste gesprekken met elk van hen wat ik al had aangevoeld: de missie die ik had ingezet zou worden volbracht. De mooie toekomst waar ik zo hard voor had gewerkt zou uitkomen. Ik wist dat ze me zouden missen, maar ik was niet onvervangbaar. Daar was ik blij om.

Ik vertelde hun allemaal met hoeveel genoegen ik met hen had gewerkt, en wat ze mij hadden gebracht.

Ik probeerde met elk van hen iets bijzonders te doen. Van een buitengewoon talentvolle jonge partner, iemand die ik jarenlang als mentor had begeleid, vond ik het bijzonder moeilijk om afscheid te moeten nemen. Zij zou het ver schoppen en ik was zowel een leraar als een vriend voor haar geweest. In ons laatste gesprek vertelde ik haar wat ik haar ten afscheid wilde geven: ik had een goede vriend, een uitermate gerespecteerde topmanager van ongeveer mijn leeftijd, gevraagd om er voor haar te zijn zoals ik er voor haar was geweest (en zou zijn gebleven) totdat ze niet langer een mentor nodig had.

Eerlijk gezegd weet ik niet voor wie dit gebaar eigenlijk eerder bestemd was. Voor haar of voor mij.

Ik sloot mijn relaties af met twee heel goede zakenvrienden: het hoofd van de Duitse respectievelijk de Britse tak van KPMG. We aten samen, er was goede wijn, we haalden herinneringen op. We genoten. Toen namen we afscheid van elkaar, wetend dat we elkaar nooit meer zouden zien.

Met een andere goede vriend, een kunstliefhebber en verzamelaar, ging ik naar het Museum of Modern Art.

Stan O'Neal, zijn vrouw Nancy, Corinne en ik genoten samen van een fles wijn, en we praatten over normen en waarden. Het was een schitterende afronding.

Ik ging vooral graag naar Central Park om een relatie af te ronden. Dan wandelden we door de Ramble, haalden de beste herinneringen op, en waardeerden het beste in elkaar.

Eén vriend zei me, dat hij me bij onze allerlaatste ontmoeting wilde rondrijden in zijn nieuwe Maserati.

~

Ik voelde me eenvoudiger, rustiger. Ik was meer gericht op het heden.

Dat betekende echter niet dat ik me volstrekt niet meer bezig hoefde te houden met de toekomst – vooral als het om iemand ging die veel meer toekomst had dan ik. Voor een doel heb je bijna altijd een toekomst *nodig*. Zonder toekomst kun je geen pad uitstippelen naar een doel dat je wilt bereiken. Ik bedacht dat we – wij mensen – vaak worden overvallen door het spook van de toekomst. Daardoor weten we niet echt de dag, het uur en het moment dat we beleven op waarde te schatten, en halen we er niet alles uit wat erin zit.

Ik hoop dat mijn streven naar bewustzijn en het hier en nu niet egoïstisch overkomt. Misschien doet het dat wel. Wat ik deed, deed ik evenzeer voor de mensen die ik liefhad als voor mezelf. Dat was althans mijn bedoeling. Mijn dochter Marianne en mijn schoonzoon William werkten allebei bijzonder hard, zowel in hun werk als thuis, om hun kinderen een zo goed mogelijk leven te bieden. Ik had grote waardering voor de betrokkenheid en de integriteit die zij allebei aan de dag legden terwijl ze bouwden aan een solide toekomst voor hun kinderen, mijn kleinkinderen. Hun toewijding aan die toekomst betekende echter dat ze niet veel tijd – tijd of geld – konden vrijmaken voor het heden. Op een keer namen Corinne en ik hen mee uit eten. Marianne droeg bij die gelegenheid een schitterende pastelkleurige jurk die ik haar nog niet eerder had zien dragen. Ze zag er schitterend uit.

'Wanneer heb je die voor het laatst aan gehad?' vroeg ik haar.

'Een jaar geleden,' zei ze.

'Wat is dat nou voor onzin?' zei ik. 'Die jurk is schitterend. Je moet meer gelegenheden proberen te vinden om hem te dragen.'

Wat voor mij echter zo klaar was als een klontje – dat je zo expliciet en zo vaak mogelijk hier en nu van het leven moest genieten – was misschien niet zo evident voor mensen die meer dan nog slechts enkele maanden te leven hadden. Je moet hard werken om een toekomst op te bouwen. Daar moet je dingen voor laten liggen. Natuurlijk is het belangrijk dat je zo vaak als je maar kunt aan die rozen ruikt. Maar dat kun je nu eenmaal niet op elk moment van de dag doen. Dat gaat niet. Door de nieuwe situatie waarin ik verkeerde, was ik gaan inzien dat je in de rijdende trein van het leven nogal op jezelf gericht en beperkt in je denken kunt raken. Ik moest echter beseffen dat mij dat in mijn nieuwe toestand ook kon overkomen. Ik bekeek de dingen door de bril van mijn situatie. Wijsheid past niet altijd in iedere context.

Ik wist niet langer welk deel van mij de wijsheid in pacht had. Misschien besefte ik voor de eerste keer in mijn leven dat consistentie, een karaktertrek die ik altijd zo belangrijk had gevonden, soms misschien toch niet zo'n deugd was. Spontaniteit steeg met stip op mijn ranglijst van deugden.

∽

Als je deze fase van je leven bereikt, sla je natuurlijk eerst wild om je heen. Het is per slot van rekening niet zomaar iets waar je voor komt te staan. Maar als je hier en nu – in het heden – begint te leven, dan geniet je daar niet alleen van (wat op zich al geweldig is), maar bereid je je ook voor op de toekomst die op een dag je heden zal zijn en je onder de neus wordt gewreven.

Als je je erin hebt geoefend, dan kun je daar leven. Dan heb je daar de kracht voor. Veel kracht.

∽

Het heden voelde aan als een geschenk. Door in het heden, hier en nu, te leven, en misschien wel voor de allereerste keer in mijn leven, beleefde ik in twee weken tijd meer Perfecte Momenten en Perfecte Dagen dan ik de afgelopen vijf jaar had meegemaakt. Of, wat dat betreft, de komende vijf jaar zou hebben meegemaakt als mijn leven van vóór mijn diagnose gewoon was doorgegaan.

Kijk naar je eigen agenda. Zijn er Perfecte Dagen op komst? Of zijn die misschien verscholen in de kalender en moet je ze zien te vinden om ze te kunnen ontsluiten? Zou u dertig Perfecte Dagen kunnen creëren als ik u dat vroeg? Hoeveel tijd zou u ervoor nodig hebben? Dertig dagen? Een half jaar? Tien jaar? Zou het u ooit lukken?

Ik had het gevoel dat ik elke dag een volle week, elke week een hele maand, en elke maand een vol jaar jaar leefde.

Eenvoud is schaars, meende ik. Toch zouden zoveel mensen baat hebben bij eenvoud. Ze zouden er fundamenteel door veranderen. Ik zag hoe sommige mensen om mij heen met hun leven omgingen, en betreurde het dat zij niet de zegen hadden gekregen die ik had gekregen – deze schok in je leven. Ze hadden geen reden of duidelijke tijdshorizon om hun drukke leven een halt toe te roepen – eens even pas op de plaats te maken – en zich af te vragen wat ze nu eigenlijk met hun leven aan het doen waren. Veel mensen die ik kende hadden het materieel heel goed. Velen van hen hadden meer geld dan ze nodig hadden. Waarom durfden ze zichzelf die ene simpele vraag niet te stellen: *waarom doe ik wat ik doe?* Voor een deel snapte ik dat circus waar de meeste mensen in zitten natuurlijk wel. Voor een deel begreep ik natuurlijk wel dat ze er niet mee konden stoppen, zeker niet als ze succesvol waren. Want als je stopt, dan ben je niet langer relevant. Dat begreep ik. Helemaal.

Relevant zijn was echter niet relevant.

Op een gegeven moment – en bij voorkeur een moment dat je zelf kiest – is de tijd voor die overgang gekomen. Om je voor te bereiden op de laatste fase. Ik had veel vrienden van wie ik vreesde dat ze dat moment te lang voor zich uit zouden blijven schuiven. Dat ze te lang zouden proberen om relevant te blijven. En vervolgens voor altijd de kans zouden verliezen om zelf hun keuze te bepalen. 'Oud worden is hulpeloze pijn,' zei Willie Mays op het eind van zijn carrière, na een bitter laatste jaar waarin hij niet eens meer een schaduw van een schaduw van zijn vroegere zelf was geweest.

Je ontkomt er niet aan, zoveel is zeker. Het zal moeilijk zijn, ook dat is zeker. Sommige mensen – niet genoeg, maar ze zijn er – begrijpen dat je nu geld opzij moet leggen zodat je iets opbouwt voor later, wanneer je het nodig hebt.

Waarom zou je dat dan niet ook doen met iets dat minstens zo belangrijk is als je geld – namelijk je ziel?

‌⌒

En wie kon je helpen met die voorbereiding? Er zijn allerlei geneesmiddelen, medische hulpmiddelen, ziekenhuizen en zelfs sterfhuizen om je leven te verlengen en zo comfortabel mogelijk te maken. Maar wie helpt je om je er in filosofische zin echt op voor te bereiden? Wie leert je om het einde in je armen te sluiten? Is er werkelijk ergens ook maar iemand die dat doet? En die tot aan het eind bij je blijft?

Ik had tot mijn grote geluk Corinne aan mijn zijde.

‌⌒

Het afscheid van levenslange en goede vrienden verliep heel wisselend. Ik merkte dat het vooral goed ging als die ander één van de volgende twee kenmerken had – of, wat waarschijnlijker was, allebei. Namelijk: geloof in God, of een andere sterke spirituele basis; een bijzonder hecht huwelijk of samenlevingsverband.

Vrienden die niet goed met onze afrondende ontmoeting wisten om te gaan, hadden noch het één, noch het ander. Vaak was er ook nog een derde reden: ze gingen zelf gebukt onder een of ander groot persoonlijk probleem, en ik was voor hen dan een pijnlijke herinnering aan alles waar ze zelf mee zaten. Mijn dood maakte het gat in hun leven alleen maar groter, en daar waren ze boos over. Dat begreep ik, en ik vroeg me af wiens verlangens in dit geval belangrijker waren? Die van mij of die van hen? Was er een manier om ons alletwee tevreden te stellen, gegeven dat we allebei een bijzonder ernstig probleem met ons meedroegen? Ik wist het niet. Het was echter voor ons allebei moeilijk om onze relatie af te ronden. Ons gesprek gaf ons geen voldoening en rijk gevoel, maar eerder pijn en boosheid. Natuurlijk was dat niet mijn bedoeling, maar ik kon het ook niet voorkomen. Evenmin denk ik dat het nuttig of zelfs aardig zou zijn geweest om onze relatie dan maar niet expliciet af te ronden. Daar nam ik hun pijn ook niet mee weg.

Ik stelde regels. Voor iedere afrondingsontmoeting probeerde ik grenzen te stellen. Ik benadrukte bijvoorbeeld dat we echt moesten proberen om in het hier en nu te blijven. (Dat betekende niet dat we geen herinneringen konden ophalen. Natuurlijk kon dat. Vaak deden we bijna niets anders. Maar dat moest dan zijn om het positieve, de passie, opnieuw te beleven – niet als een 'wat als?'-oefening.) Ook was ik heel duidelijk over een eventueel vervolg: dat zou er niet zijn. (Dat gold overigens niet in dezelfde mate voor mijn binnenste ringen, maar dat leg ik straks wel uit als ik daar aan toe kom.)

Bij enkele bijzonder goede afrondingen met vrienden die in de nesten zaten, die een rothuwelijk hadden, of die niet in een Opperwezen of hoger doel geloofden, wilden de anderen onze laatste ontmoeting rekken. Ze vonden dat ik me meer tegen mijn ziekte moest verzetten. Ik moest niet opgeven, zeiden ze – het leek alsof ik dat wel had gedaan. Enkelen bleven me bellen na onze laatste ontmoeting. Ze wilden me niet verliezen.

'Hier wil ik het graag bij laten,' zei ik. 'Ik heb dit speciaal geregeld zodat we kunnen afronden. En we hebben er een perfect moment van gemaakt. Laten we dat nemen en dan verdergaan. Laten we er niet nog een plannen. Een perfect moment kun je niet verbeteren.'

Daar maakte ik me niet bepaald populair mee. Te definitief. Nogal kil eigenlijk. De ander werd dan vaak emotioneel. Maar wat als er een impasse ontstond tussen ons? Het voordeel gaat volgens mij naar degene die stervende was. Drie jaar geleden lag mijn schoonvader op sterven. Hij bleef maar zeggen dat hij weer beter zou worden. Ik wilde een allerlaatste keer afscheid van hem nemen, maar hij keek me niet aan. Hij hing zo aan het leven dat hij niet kon aanvaarden dat het op gegeven ogenblik voorbij zou zijn. En toch mocht mijn behoefte om onze relatie af te ronden niet de overhand krijgen boven zijn verlangen om hoe dan ook vol te houden. Hij was degene die moest sterven.

Nu was ik hem. Nu was ik die man. Nu bepaalde ik wat er gebeurde. En wat de regels voor mezelf betreft: na zo'n afrondende ontmoeting dacht ik er in de uren daarna misschien nog even over na, en daarna niet meer. (Als iemand me later iets vroeg over mijn laatste ontmoeting met deze of gene, dan gaf ik daar wel antwoord op; zelf kwam ik er echter nooit meer op terug.)

Ik moest me concentreren op wat er voor me lag. De weg die ik nog te gaan had, werd met de dag korter.

En diegenen van mijn vrienden die ermee bleven zitten? Zij zouden dat probleem na mijn dood zelf moeten oplossen. Misschien gaf nu juist de afronding van onze relatie hun daar het bewustzijn en de kracht voor die ze nodig hadden.

Hoewel ik er nog niet aan toe was, dwaalden mijn gedachten vaak af naar mijn afronding met Gina. (Daarin liep ik mezelf een beetje voorbij, iets wat ik overigens bijna niet meer deed.) Gina en ik brachten meer dan ooit tijd met elkaar door. Ze was pas veertien geworden, en zoals iedereen op die leeftijd had ze zo haar dagen. We gingen vaak voor een heerlijke lunch buiten de deur, en we hielden ervan om elkaar onze theorieën over religie en de eeuwigheid te vertellen, en hoe we dachten dat de hersenen werken. Allebei konden we echter opvliegend zijn, en natuurlijk hadden we verdriet over wat er gebeurde. Soms leek het haar teveel te worden. Op andere momenten leek ze het te accepteren. Ik wist dat ze zich nog steeds als persoon aan het ontwikkelen was. Maar ze was zich ook al zo enorm bewust van alles. Ik wilde dat ze begreep hoezeer ik haar vertrouwde, hoe trots ik op haar was, en hoeveel ik van haar hield.

Iedere keer als ik me ons laatste samenzijn zo concreet mogelijk probeerde voor te stellen, worstelde ik er weer mee: hoe kun je, als vader, je kind vooral laten zien wie je bent – in plaats van hoe lang je er was.

∽

Ik weet natuurlijk ook niet hoe het hiernamaals eruit ziet. Maar de overgang ernaartoe voelde waterig aan, als een rivier. Zoals ik al eerder zei, heb ik nooit echt iets gehad met water. Op de een of andere manier was het mijn 'ding' niet geweest. Telde het dat ik van wijn hield? Wijn zat vol smaak (water is de basis van alle leven), wijn heeft tijd nodig om te rijpen (ik begon nu pas, op mijn 53ste, werkelijk de universele aantrekkingskracht van water te doorgronden); wijn stroomde door je heen (water stroomde eindeloos). Was er hier misschien een analogie?

Mijn sterker wordende gevoel voor water was echter alleen maar dat – een gevoel, geen beeld. Het was een uniek gevoel om op de aarde en in de aardse wereld te zijn. En zo was het ook met water. Als ik in mijn andere toestand verkeerde, die ik iedere dag met behulp van water bewerkstelligde en waar ik dan ongeveer een uur in verbleef, dan voelde dat anders aan dan wanneer ik in de aardse wereld was.

Marianne kocht een kleine fountein voor me, ongeveer zestig centimer in doorsnee en dertig centimer hoog. Ik vond het geweldig.

Wat stond mij, of wie dan ook, stroomafwaarts te wachten? Hoe zou die volgende ervaring zijn? Zou iedereen die ooit op aarde had geleefd daar zijn, in welke vorm dan ook? Zou ik de historische figuren ontmoeten waar ik over had gelezen? En de mensen van wie ik had gehouden en die er niet meer waren? Ik geloofde in een hemel, en ook in een hel. Ik pretendeerde niet te weten waar de grens zou kunnen liggen.

Die volgende wereld lag voor mijn gevoel buiten mijn begripsvermogen, althans nu nog. Maar water? Water lag *binnen* mijn begripsvermogen. Water was mijn overgang.

Nee, dat is niet juist. Het is niet juist om te zeggen dat water mijn overgang was.

Ik was degene die een overgang doormaakte.

Ik leefde nog steeds op aarde. Ik wilde genieten van de tijd die ik hier doorbracht. Ik probeerde Perfecte Momenten en Perfecte Dagen te beleven. Maar ik moest mezelf ook voorbereiden. Daar moest ik iedere dag wat tijd voor maken. Ik moest mezelf in mijn meditatieve ruimte brengen. Ik moest tot rust komen. Vereenvoudigen. Mezelf volledig wijden aan mijn voorbereiding op dat volgende avontuur. Maar dat lukte me hooguit maar half. Als ik me ertoe zette, dan voelde het goed om mijn ogen half te sluiten – zodat het licht van deze wereld me nog steeds bereikte terwijl ik het tegelijkertijd ook voor een deel buitensloot. Dan ging ik met Corinne naar mijn omsloten binnenplaats en tuin in the Cloisters en luisterde naar het geluid van mijn fontein. Als ik te moe was om naar the Cloisters te gaan, en het moest doen in onze woonkamer, uitkijkend op de East River, dan was het aanvankelijk eerder een visuele dan een auditieve ervaring. Maar het was nog steeds een ervaring die me voldoening schonk. Dan bedacht ik hoe die rivier, het water, deze werkelijkheid met de volgende verbond.

Water stroomt van de ene naar de volgende realiteit.

Water begint nergens en eindigt nergens. Water is continuïteit. Water is leven.

Ik had mijn 'andere staat', die andere gemoedstoestand, nog bij lange na niet 'onder de knie'. Ik wilde erin verkeren, maar soms werd ik onderbroken. Ik wilde volledig in die andere toestand zijn, zodat ik op geen enkele manier nog aan de toekomst dacht. Maar dat lukte me niet altijd. Soms zag ik hoe mijn hersenen werden aangevallen door de bestraling. Of werd ik eruit gehaald door het feit dat ik ervoer dat ik leefde. Ik was nog steeds als ieder ander. Het lukte me beter als ik probeerde om 's ochtends vroeg in die andere gemoedstoestand te komen. Als ik later begon, was ik al vermoeider, en dacht ik door alles wat ik op een dag meemaakte aan andere dingen, dingen waar ik geen controle over had ...

Naarmate je er beter in wordt, en naarmate je het meer doet, dacht ik, *des te prettiger je je zult voelen wanneer het eenmaal zover is.* Ik bleef eraan werken. Dan zou het niet zo erg zijn wanneer mijn tijd kwam. Misschien was het sowieso niet erg. Ik was enthousiast over mijn nieuwe oefening. Ik had het gevoel dat ik tegelijkertijd iets spiritueels én iets praktisch aan het doen was: ik vergemakkelijkte mijn overgang. Als de volgende wereld niet volledig gescheiden was van deze, maar er deel van uitmaakte – zoals ik me voorstelde – dan legde ik er met mijn dagelijkse oefening in overgaan in feite een pad naar uit. Mijn pad.

Ik was stervende. Maar ik voelde me opeens niet meer zo hulpeloos als ik me had kunnen voelen.

‿

Spontaniteit.

Perfect lijkt vaak hand in hand te gaan met *onvoorbereid*. Ik had een Perfecte Dag met Corinne en Gina – niet alleen omdat ik samen was met mijn vrouw en dochter, maar omdat alles volkomen onvoorbereid gebeurde. Wat had er kunnen gebeuren als ik meer spontaniteit had toegelaten in mijn leven? Als ik spontaniteit *überhaupt* had toegelaten in mijn leven? Zou ik dan minder zakelijk succes hebben gehad, iets wat me zoveel bevrediging en voldoening had gegeven?

Accounting gaat over voorspelbaarheid: verrassingen moeten worden voorkomen. Accounting betekent dat je rekenschap aflegt. Was er niet iets 'onberekenbaars' aan spontaniteit? Maar maakte het niet ook deel uit van het leven? Voor iemand die zo doelbewust had geleefd als ik, was dit een tamelijk sensationeel idee.

Skiën, bedacht ik, was authentieker dan golf. Bij skiën reageer je alleen maar. Mag je fouten maken. Bij skiën is een fout niet zo erg. Je kunt als skiër in de fout gaan en nog steeds een goede afdaling maken, misschien zelfs een geweldige afdaling. Bij golfen heb je die ruimte niet.

Ik was dol op golfen – dat moge duidelijk zijn. Maar misschien had ik toch wat vaker moeten gaan skiën.

Niemand kon zeggen dat ik in mijn laatste dagen niet nog steeds bijleerde.

⌒

Toen mijn zes weken bestraling eindelijk voorbij waren, gingen Corinne, Gina en ik naar Lake Tahoe. Daar hadden we een buitenhuis. Aanvankelijk was ik zo zwak dat ik mezelf bijna niet eens kon aankleden. Maar na enkele dagen kwam ik wat bij van de bestraling en de reis, en begon ik te bedenken hoe ik zou kunnen aansterken. Er was een zwembad waar ik baantjes kon trekken. Er waren gewichtsmachines. Ook verheugde ik me erop om met de indrukwekkende snelheid van vijf mijl per uur de golfbaan over te gaan in de driewieler-op-maat die ik had aangeschaft (ik kon mijn evenwicht niet goed bewaren). Ik verheugde me erop om weer te rijden, ook al was ik dan niet sterk genoeg voor een tweewieler. Ik had het apparaat via internet gevonden. En was me daardoor gaan afvragen of ik mezelf als CEO wel voldoende driewielers – lees: creatieve oplossingen – had gegeven. Ik was er tamelijk van overtuigd dat ik, door het avontuur dat ik nu beleefde, creatiever en flexibeler in mijn denken was dan ooit tevoren.

Ik hield me graag voor dat ik goed presteerde toen ik nog gezond was. Maar als ik toen had geweten wat ik nu weet, dan was ik misschien een betere topmanager geweest. Ik zou bijna zeker op creatievere manieren hebben bedacht hoe ik meer balans kon krijgen tussen mijn werk en mijn privéleven, en hoe ik meer tijd zou kunnen doorbrengen met mijn gezin. Ik was er altijd vanuit gegaan dat je werk en privéleven fysiek van elkaar gescheiden moest houden. Thuis was thuis, het kantoor was het kantoor. Mijn manier van denken was te beperkt geweest. Ik had mezelf te strakke grenzen opgelegd.

Nu was ik overigens niet zo'n CEO geweest die vond dat hij harder moest werken dan wie dan ook in zijn bedrijf. Maar ik vond wel dat ik *een* van de hardste werkers moest zijn; anders zouden anderen in de firma mijn leiderschap in twijfel trekken.

Maar stel nu eens dat ik niet zo hard had gewerkt? Stel nu eens dat ik weliswaar mijn werk had gedaan, en goed, maar dat ik mijn toppositie verder had gebruikt om als voorbeeld te dienen voor een evenwichtig leven? Als ik er vroeger meer over had nagedacht, dan had ik dat kunnen doen en creatiever kunnen zijn. Maar ik had er niet over nagedacht. Niet in al die jachtige jaren. Er was een vergevorderde en ongeneeslijke hersentumor voor nodig om me er zo tegenaan te laten kijken.

Ik had eens gehoord van een topmanager die zo dicht bij zijn kantoor woonde dat hij er in de weekenden onvermijdelijk altijd even binnen wipte, en er dan natuurlijk urenlang bleef werken. Waarom ook niet, zou je zeggen?

Maar op een dag zag hij het licht. Iets deed hem inzien dat het zo niet goed was. Wat deed hij dus? Hij verhuisde. Toen woonde hij dermate ver van kantoor dat hij er in de weekenden niet zomaar even langs kon gaan. Hij was door de week weliswaar meer tijd kwijt om naar en van kantoor te komen, maar hij kon op deze manier breken met zijn gewoonte om in de weekenden te werken. De tijd die hij daardoor overhield, bracht hij met zijn vrouw en kinderen door.

Ik had zelfs nauwelijks overwogen om minder te werken. Stel je voor dat ik dat opzettelijk wel had gedaan? Zou ik dan misschien – afgezien van de extra tijd die ik met mijn gezin had kunnen doorbrengen – ook veel geconcentreerder hebben gewerkt? Creatiever? Productiever?

Had ik het toen maar geweten: hoe kun je in het hier en nu zijn? Nu wist ik het.

～

We kregen vrienden op bezoek aan Lake Tahoe. Ze hadden mij niet meer gezien sinds halverwege de bestraling. Het lukte ons allemaal om ons te concentreren op het hier en nu: de overweldigend mooie natuur om ons heen, al die dingen waar we versteld van stonden. Ik wilde genieten van iedere maaltijd, iedere wandeling, elk gesprek – en niet nadenken over de toekomst die over alles heen hing, een toekomst waar ik niet langer fysiek deel van zou uitmaken.

Ik schreef brieven aan mijn kleinkinderen – Oliver en Charlotte, van vijf en drie jaar – waarin ik ze vertelde hoeveel ik van ze hield. En ook hoezeer ik bepaalde eigenschappen in hen waardeerde – eigenschappen die ik zelf altijd zo graag had willen hebben. Ik gaf de brieven aan Corinne. Die moest ze hun geven op de dag dat ze hun diploma van de middelbare school kregen.

∽

Meer Perfecte Dagen deze week. Ik dacht echt dat de meeste mensen (waaronder ikzelf voordat dit allemaal gebeurde) wel tien jaar nodig hadden voor zoveel Perfecte Dagen als ik in de afgelopen maand had meegemaakt. Na mijn diagnose was weliswaar niet iedere dag een Perfecte Dag geweest, maar de meeste wel. Misschien zelfs wel drie kwart ervan. Dat laatste kwart moest er wat mij betreft ook nog bij.

Ik had besloten dat ik mijn relatie met Gina op een speciale manier wilde afronden tijdens onze reis naar Praag (we wilden 16 september vertrekken). We zouden in een privévliegtuig reizen, en dat betekende dat we ergens in het hoge noorden moesten bijtanken. Dan zou Gina eskimo's kunnen ontmoeten. Daar leek ze ontzettend veel mee op te hebben. Ik verwachtte daar de kracht nog voor te hebben. Binnenkort zou ik horen of de tumoren door de bestraling kleiner waren geworden.

Ik kreeg weer meer oog voor de natuur. Vroeger, toen we in Californië woonden, was ik veel buiten. Ik speelde tennis en maakte zo nu en dan een wandeltocht. En sommige golfbanen waar ik kwam kon je niet eens meer 'rustiek' noemen, zo overwoekerd waren ze. De laatste paar jaar, en zeker de jaren aan de top, kwam de natuur echter helemaal achteraan in mijn rijtje.

Nu kreeg ik er opnieuw oog voor. Ik voelde het weer als er een briesje opstak. (Misschien kwam dat ook wel doordat ik mijn ogen zo vaak half of helemaal sloot om rustig te blijven en geen focale attaques te krijgen. Zien speelde voor mij niet langer dezelfde rol als vroeger.) Als ik lunchte op de club, vlakbij de achttiende green, dan hoorde ik de stemmen en het geluid van golfclubs die door de lucht zwaaiden. Ik genoot van het geluid van de wind die door de dennenaalden speelde. Het klonk als water, als de oceaan. Ik rook de pijnbomen. Boven me cirkelden ongelooflijk mooie blauw-rode vogels. Een jaar geleden zou ik bij lange na niet zo hebben genoten van deze schitterende plek. Wat heet: al die schitterende dingen zo pal om me heen zouden me niet eens opgevallen zijn.

Tegen iedereen die niet kan zien dat de kleine geneugten van het leven werkelijk meer kunnen betekenen dan de grote, zou ik willen zeggen: met je slag maak je indruk, maar met je 'put' maak je het punt.

Het zou echter niet juist zijn om te zeggen dat mijn andere manier van kijken sinds mijn ziekte vooral betekende dat ik de kleine dingen des levens was gaan waarderen. Wat was er nou groter dan de natuur? Groter dan water?

～

Goed nieuws: ik ben gebeld – de tumoren lijken een beetje kleiner te zijn geworden. Ze weten het nog niet zeker vanwege de zwelling. Als die is afgenomen, kunnen ze het beter beoordelen.

～

U wilt natuurlijk weten hoe het voelde om in die spirituele wereld te verkeren. Helaas kunnen woorden alleen dat niet duidelijk maken.

Maar ik zal het proberen.

Het was ongelooflijk prettig.

Het was een omgeving met een verbazingwekkende energie, rust en liefde.

Het was geruststellend.

Er was geen spanning. Wat ik ook moest doen om in deze toestand te geraken, het voelde niet aan (zodra ik erin verkeerde) alsof ik er discipline voor nodig had. Het voelde eerder als een soort natuurlijke ontwikkeling.

Als ik in die andere staat was geweest, kon ik me alle natuurverschijnselen in het gebied rondom me heel scherp 'herinneren' – het gevoel van de kalme wind, het gefluit van de vogels, alles. En heel zuiver – niet vertekend door de ruis van andere dingen.

Als ik in die toestand verkeerde, viel de tijd weg. Dan stond de tijd stil. Ik was me er niet langer van bewust dat ik iets ervoer; de ervaring zelf had het overgenomen. Het was niet ik, het was het ding. De beloning was om gewoon daar te zijn, het mee te maken, maar ook weer niet helemaal daar. Het was alsof ik bewustzijn *geworden* was. Ik bevond me niet in een overgangstoestand, maar – zoals ik al eerder zei – ik maakte *zelf* een overgang door.

Het deed me denken aan een moment tijdens mijn studie, in 1970, midden in de Vietnamoorlog.

Als een stijve doctoraalstudent accounting aan Penn State was ik benoemd tot penningmeester van de studentenvereniging. Ik moest het geld over verschillende studentenorganisaties verdelen. De politieke links georiënteerde Students for a Democratic Society (sds) bracht allerlei kandidaten voor bestuursfuncties in stelling en hun leider werd verkozen tot president van de studentenvereniging. Vanuit zijn nieuwe positie, dat had hij expliciet aangekondigd, wilde hij allerlei activiteiten tegen de oorlog organiseren. Daarvoor wilde hij geld uit de kas van de vereniging. Hij was legitiem gekozen, maar de regels stonden niet toe om van de overheid gekregen fondsen (Penn State was een overheidsinstelling) te gebruiken voor politieke doeleinden, bijvoorbeeld om radicale sprekers naar de campus te halen. Dat gezegd zijnde: hij was wel de gekozen leider en had het recht om geld uit te geven aan bijvoorbeeld drukwerk of microfoons. Ik vertelde hem dat hij daar het geld voor kon krijgen. Maar als hij geld wilde uitgeven om bijvoorbeeld radicale sprekers naar de universiteit te halen, dan moest hij daar andere bronnen voor aanboren. Op een zaterdagavond haalde hij tienduizend dollar op door de tegencultuurklassieker *Reefer Madness* te draaien voor een uitverkochte zaal studenten die allemaal hartstikke stoned waren. Ik droeg die avond boodschappentassen vol contant geld mee terug naar mijn studentenhuis, stortte het die maandag op de bankrekening, en gaf hem vervolgens zijn geld.

Wat had deze herinnering nu in vredesnaam te maken met de Andere Kant? Met de overgang? Met *mijn* overgang?

Ik zag het zo: dit verhaal illustreert hoe je jezelf kunt blijven en toch je manier van denken kunt aanpassen. Het ging over vasthouden aan je anker maar toch groeien. Het ging erover dat je met één voet stevig op vast en bekend terrein blijft staan terwijl je met je andere voet een nieuw en onbekend terrein aftast. Het ging erover hoe ikzelf ook moest veranderen als ik naar een andere wereld ging.

Norman Vincent Peal heeft eens gezegd: 'Verander je denken, dan verander je ook je wereld.' Als niet te stoppen zakenman, een voormalige CEO, was ik volstrekt niet bij machte om de wending die mijn leven had genomen te veranderen. Gelukkig kon ik nog wel dingen beter maken. Ik had nog steeds macht over mezelf.

∽

Nog steeds was de schaduw niet helemaal over me heen gevallen. Er was nog steeds licht. Mijn kenvermogen bleek intact – ik had het gevoel dat ik nog steeds 'grote' onderwerpen aankon. Mijn spraakvermogen, mijn uiterlijk en mijn vermogen om kleine alledaagse dingen te doen gingen echter steeds meer achteruit. Het was een kwelling om mijn mobiele telefoon te moeten bedienen. Of om me 's ochtends aan te kleden. Juist *door* deze frustraties – en niet desondanks – leerde ik echter weer een van die cruciale routes naar een Perfect Moment begrijpen: acceptatie. Het eindresultaat – het doel – van een Perfect Moment was om zoveel mogelijk te proeven van de smaken die het leven constant te bieden heeft. De *manier* om dat te doen: acceptatie.

Als ik een bijzonder goede dag had, een dag die uit allerlei Perfecte Momenten bestond, dan besefte ik altijd dat dat nou juist kwam *doordat* ik niet alles en iedereen bestierde. Dat is nogal wat om te zeggen voor iemand die nog maar zo kort geleden een grote organisatie leidde! Mijn krachten namen af. Ik kon niet eens meer een cd in de cd-speler krijgen om naar mijn boeken te luisteren. Door echter alle grillen, vertragingen en ongemakken van iedere dag los te laten, begon ik te leren hoe ik in het actuele moment kon komen – en uiteindelijk ook kon blijven.

∽

De tumor was inderdaad gekrompen. Het zag ernaar uit dat de reis naar Praag door zou kunnen gaan.

∽

Het was de beste dag van mijn leven.

We voeren met een boot Lake Tahoe op. Voor de eerste keer dat we in een boot zaten, zat ik voorin, de plek waar Gina altijd zat. Daar was het varen een veel visuelere ervaring. Het water was als glas. Er waren bijna geen andere boten op het meer, althans zo leek het. Misschien voeren we met dertig mijl per uur, ik weet het niet. We staken het meer over. Het leek wel alsof we niet *in* maar *op* het water voeren, over het oppervlak schaatsten. Het leek wel alsof ik één was met het water. En we voeren maar door.

Ik genoot van de beleving om zo dicht op het water te zijn. Of eigenlijk was het niet zozeer dat ik ergens van *genoot* maar gewoon dat ik die beleving *had*, volledig voelde.

Corinne en ik besloten die middag dat we allebei onze as zouden laten uitstrooien over het water van Emerald Bay, op een bepaalde plek waar we van hielden.

$\backsim$

Corinne, Gina en ik namen een vriend mee voor een ritje over de golfbaan. Het liep tegen het einde van de dag en wilden hem laten genieten van dat moment van rust, het fletse licht en de gigantische schaduwen. We wilden er zelf ook van genieten. Gina vond het heerlijk om het wagentje te besturen. Welk kind van veertien zou dat niet geweldig vinden?

Er waren maar een paar groepjes van vier op de baan. Toen een golfer zich voorbereidde om de bal te slaan, stopte Gina het karretje en keken we allemaal. Corinne, die goed kan golfen, lette onwillekeurig op zijn swing. Ik had daar helemaal geen oog voor. Zo vreemd was dat niet. Corinne was die laatste drie maanden weliswaar niet alleen mijn levensgezel maar ook mijn geestverwant geweest – dat laatste zowat letterlijk omdat ze bij elk gebed en iedere meditatie en elk deel van deze reis bij me was. Toch leefde ze duidelijk ergens anders. Net zoals bijna iedereen die ik kende.

We reden verder en de schaduwen werden langer, een subtiele maar duidelijke verandering. De bomen leken groter en stiller te worden. Als we vroeger op dit tijdstip van de dag kwamen golfen (Corinne en ik, of ik samen met een vriend) en ik sloeg de bal, dan voelde dat aan alsof ik in een prent – iets tweedimensionaals – sloeg. Ik wist dat de bal dan moeilijker te vinden zou zijn, zelfs al had ik hem midden op de fairway geslagen. Op dat vredige moment van de dag was het veel stiller op de baan dan 's ochtends, als de grasmaaiers rondreden, de sproeiers aan stonden, en er overal energieke golfers in touw waren. Tegen het einde van de dag leek golfen een meer persoonlijke uitdaging te zijn dan anders. Het leek wel alsof het spel nog verder werd teruggebracht tot de essentie, een soort superessentie: alleen jij (misschien samen met iemand anders) en de baan. De bal die steeds moeilijker te zien is. Die soms volstrekt niet meer te zien is als hij door de lucht vliegt. Nu eens in het zonlicht, dan weer in de schaduw. En terwijl je vordert op de baan dringt het langzaam maar met een zekere opwinding en zelfs vreugde tot je door dat je de laatste bent. Behalve jou is er verder niemand meer. Het is niet langer middag; de schemering is ingevallen. Je speelt niet langer samen met andere mensen, maar met schaduwen.

We reden het karretje terug naar de *pro shop*. Tijd voor het avondeten. De trainer in de shop kwam naar me toe en begroette me. We spraken af dat hij me een week of twee daarna zou vergezellen naar de verre kant van de *driving range,* zodra ik me sterk genoeg voelde. Dan zouden we eens zien of ik nog steeds een zwaai kon maken en een bal kon raken.

Iedereen heeft wel van die momenten dat-ie er niets van bakt. Als het mij overkwam, dan vond ik het altijd geweldig dat mijn mede-golfers, hoe competitief ze van nature ook waren, me steunden en me probeerden te helpen uit mijn sportieve 'dip' te komen. Of dat ze me juist met rust lieten als ik liet merken dat ik het liever alleen deed.

✍

Ik kwam steeds dichter bij mijn perfecte tijd van de dag. Ik ver-traagde steeds verder naar nul mijl per uur. Maar zo langzaam als ik ook opereerde, ik was toch op jacht. Ik joeg op de allerlaatste stralen licht, en op de schaduwen die vallen vlak voordat de sche-mering intreedt. In de schemering verdwijnen de schaduwen. Het is dan nog niet helemaal donker, maar er zijn geen schaduwen meer. De schemering scheidt de dag van de nacht. Alleen jij en de golfbaan. Je bent er helemaal alleen. De baan van de bal is steeds moeilijker te volgen. Het licht is fletser, zoals in een schilderij. De schaduwen lengen. Je bal half in de schaduw, half in het zonlicht. De zon staat laag. De schaduwen worden langer en langer. Het spel wordt steeds moeilijker. De bomen worden groter. Vrediger. Er is niemand meer op de golfbaan. Alleen jij. Vlak voor de sche-mering. Steeds meer schaduwen.

✍

Ik had steeds vaker 'episoden'. Dit waren duidelijke voortekenen. Ik voelde me veel zwakker. Als ik liep, moest ik mijn arm op Co-rinne's schouder leggen en op haar leunen. Ik bracht meer tijd door in bed.

✍

We huurden een boot en gingen nog een keer een dag het meer op – Corinne, Gina, mijn schoonzus Darlene en mijn neef Corwin.

We praatten over van alles, ook over God. Corwin, een ingenieur van 25, is een briljante jongeman die niets van de kerk wil weten en niet in God gelooft. Hij geloofde in de wetenschap, zei hij. Om ergens in te kunnen geloven, moest je het kunnen meten en bewijzen. Ik maakte me er zorgen over dat hij niet in God geloofde, en wel om twee redenen: omdat hij zo slim was, en omdat hij nog zo jong was. Sinds ik wist van mijn ziekte was ik veel minder geïnteresseerd in wat mensen van mijn eigen leeftijd en ouder dachten, en veel meer in wat de jongeren te vertellen hadden. Mensen als Corwin, Gina en Marianne hadden me iets te zeggen vanwege hun jeugdigheid, meende ik. Hoe dachten zij over de wereld en wat er van de wereld zou worden? Zij waren plooibaarder in hun denken. Daardoor leek wat zij te zeggen hadden relevanter dan wat mijn leeftijdsgenoten of ik te berde brachten.

Het was een levendige discussie. Toen we uit de de boot stapten, keek ik Corinne aan en zei: 'Dit was de beste dag van mijn leven.' En ik meende het.

Die avond na het eten raakte ik buitengewoon gespannen. Darlene en Corwin gingen terug naar de Bay Area en hadden een rit van vier uur voor de boeg. Ik wilde echter eerst nog iets opgehelderd krijgen. Ik vroeg iedereen om te gaan zitten.

'Goed dan, ik begrijp dat je niet in God hoeft te geloven,' zei ik. 'Maar ik wil snappen hoe je niet in God *kunt* geloven. Is dat niet hetzelfde als bewust beslissen om geen liefde toe te laten in je leven?'

Corwin vond dat mijn theorie niet klopte: kennelijk was liefde volgens mij ondergeschikt aan God. Je hoefde toch niet in God te geloven om in liefde te kunnen geloven en een gelovig mens te zijn, zei hij.

Ik vond het een onbevredigend gesprek. Het was een patstelling en ik wist me daar geen raad mee. Later, toen Corinne en ik weer alleen waren, zei zij: 'Voor sommige mensen *is* God liefde.'

Toen klaarde ik een beetje op.

～

Ik zag de havik die pal naast me op de fairway naar beneden dook, zo dichtbij dat ik hem kon aanraken. De havik plukte slechts enkele meters van mij vandaan de vis uit de vijver. Het was zo dichtbij dat het leek alsof ik die vis zelf uit het water had kunnen plukken. De havik vloog op, met de vis in zijn bek, en verdween achter de boomtoppen.

Mijn afronding met Gina moest specialer zijn dan al het andere wat ik had gedaan. Zij was een dichter. Een uitvinder. Een briljante geest. Zij was mijn dochter. Onze afronding moest even dichterlijk zijn als zij. En even spectaculair.

De dag was voorbij.

～

Mijn moeder en mijn broer vlogen naar Lake Tahoe voor ons laatste 'afrondingsweekend'. Met mijn zussen Rose en Linda had ik al in persoon afscheid genomen. Zij konden me nog steeds bellen als ze wilden, en deden dat ook, en dan praatten we wat. Net als bij de anderen hield 'afronden' met de mensen uit mijn binnenste cirkel in dat ik zei wat ik wilde doen, en dat ik in alle vrede afscheid nam. Dat wilde *niet* zeggen dat we elkaar daarna niet meer konden spreken – alleen dat ik iets voorgoed terzijde legde, iets wat je niet kon aanraken, iets perfects.

Op zaterdag hadden we goede maaltijden en prettige gesprekken samen, maar ik moest rusten.

Op zondag huurden we een boot en namen Ma en William mee het meer op. Ik had er goed over nagedacht wat ik dit weekend met hen wilde doen, en ik had gekozen voor dit boottochtje. Het leek me voor hen de beste keus: een belevenis, en toch heel ontspannend. En natuurlijk zouden Corinne en ik er ook van genieten. Als het iets speciaals was voor hen, dan was de kans groter dat het een blijvende en gelukkige herinnering voor hen zou worden. Iets tastbaars en blijvends, dat mij het gevoel gaf dat ik ook na ons fysieke afscheid bij hen zou zijn. De week daarvoor waren Corinne, Gina en ik het meer op geweest, samen met Darlene en Corwin. Ik herinnerde me die dag als de beste van mijn leven, een van vele de laatste tijd. Alle stress leek weg te vallen. Waarom zou deze dag in de boot met Ma en William niet minstens even perfect kunnen zijn?

Nadat we een tijdje hadden gevaren, nam ik mijn moeder bij de hand en liep met haar naar de boeg om te praten. Alleen wij met zijn tweeën. Ik vertelde haar dat ik goed terecht was gekomen. Ik vertelde haar dat ik haar weer in de hemel zou zien. Zij is diep gelovig en voelde zich daardoor gerustgesteld.

Later nam ik mijn broer apart. Hij was boos – niet op mij, maar op het leven, dat mij dit moest overkomen.

'Aan je boosheid heeft niemand iets,' zei ik tegen hem. Boosheid was een verspilling van energie, zei ik. Hij moest proberen in het hier en nu te leven. Ik vroeg hem de energie die hij nu investeerde in boos zijn op de wereld te verdubbelen en te vertalen het in liefde voor zijn kinderen (of beter gezegd: nóg meer liefde, want William was dol op zijn dochters en zijn zoon).

Dat beloofde hij me. Ik zei hem hoe trots ik op hem was. Ik zei hem dat ik hem een geweldige vader vond, en dat hij dat in zijn verdere leven ook zeker zou blijven.

Het was een perfecte dag. Ik voelde me compleet. Op – maar compleet.

Het daglicht najagen

door Corinne O'Kelly

Toen de zomer op zijn einde liep, had het afronden duidelijk zijn tol geëist bij Gene. Ik had gezien hoe hij gestaag achteruitging. Maar toen ons verblijf aan Lake Tahoe er bijna op zat, ging het sneller. Hij kon nog steeds opmerkelijk helder zijn, vooral dankzij zijn innerlijke kracht en moed. Maar het werd steeds moeilijker voor hem om ons duidelijk te maken wat hij bedoelde. Hij slaagde er steeds minder in om zijn gedachten logisch te ordenen zoals hij altijd had gedaan. Vaak kostte het wat vragen en antwoorden over en weer voordat we duidelijk begrepen wat hij bedoelde. Ik maakte nauwkeurig aantekeningen van onze gesprekken om zo goed mogelijk vast te leggen wat Gene meemaakte.

Op een van onze laatste avonden in Tahoe voelde ik dat hij begon weg te glijden. Opeens leek hij ontzettend ver weg. Het was de avond nadat zijn moeder en broer waren vertrokken. Ik lag op de bank, in zijn armen. Ik vertelde hem hoe 'afwezig' ik hem vond. Hij zei: 'Jij moet het nu overnemen. Ik heb alles gedaan wat ik kon.'

Ik snakte naar adem.

De avond daarop keken Gene, Gina, Caryn (Gene's assistente) en ik in de studeerkamer naar een film. Hij lag achterover in een grote leren fauteuil. Ik zat voor hem in een zitzak op de vloer, hield de hele tijd zijn voet vast, en keer om de paar minuten omhoog naar hem.

Opeens begon hij hevig te schudden.

Ik riep tegen Caryn dat ze Gina mee de kamer uit moest nemen. Na alles wat onze dochter haar vader de afgelopen maanden had zien doormaken, wilde ik haar niet ook nog eens de angstaanjagende herinnering bezorgen hoe hij trillend, schokkend en schuddend een zware attaque onderging. Hij probeerde mijn naam te roepen. Het leek zo hopeloos. Gelukkig had Caryn zo'n attaque al eens eerder meegemaakt. Dat stelde me een beetje gerust.

Ik belde het alarmnummer, 911. De attaque duurde maar vijf minuten. De ziekenwagen kwam. We waren drie uur op de eerste hulp in het ziekenhuis in Reno.

De volgende dag herinnerde Gene zich in het ziekenhuis dat hij volstrekt geen pijn had gevoeld gedurende de attaque. Hij was ook niet bang geweest. Maar hij wilde per se voorkomen dat het nog een keer gebeurde.

'Hoe reizen mensen die een attaque kunnen krijgen?' vroeg hij.

Ik zei dat ik dacht dat je dan waarschijnlijk een vliegtuig met medische apparatuur moest hebben, en met een arts aan boord. Geheel in stijl concludeerde hij toen binnen ongeveer drie seconden dat hij deze horde niet kon nemen. Zijn volgende doel – samen met Gina naar Praag – kon hij niet meer bereiken.

Dat markeerde het begin van zijn overgang. Hij besefte dat de dingen die hij nog van plan was nu onmogelijk waren geworden. Hij begon de beperkingen van zijn aftakelende lichaam te aanvaarden. Hij besefte dat een reis naar Europa te moeilijk en zwaar zou zijn.

Hij keek me aan. 'Beloof me dat jij Gina Praag laat zien,' zei hij. Ik beloofde het hem.

In het ziekenhuis begonnen Marianne en haar vader aan hun afscheid. Marianne was een volwassen vrouw die zelf al kinderen had. Zij wist dat het leven, het huwelijk en het ouderschap allemaal niet zo eenvoudig waren, en ze gaf een nieuwe invulling aan alles wat hij voor haar had gedaan. Ook kreeg ze, als voor het eerst, opnieuw waardering voor een van zijn kenmerkende eigenschappen: zijn neiging om altijd meteen de koe bij de horens te vatten. Daar had hij in zijn carrière altijd veel succes mee gehad, maar in het persoonlijk verkeer kon het soms wat bot overkomen. In de afgelopen jaren, toen Gene voortdurend onderweg was en Marianne in Californië twee kleine kinderen grootbracht, belde hij haar één keer per week op, meestal wanneer hij tijdens een zakenreis ergens naar het vliegveld werd gereden. Dan praatte hij niet over koetjes en kalfjes maar vroeg meteen wat er in haar omging, wat haar werkelijk dwars zat of wat haar gelukkig maakte.

Nu hadden Marianne en Gene in het ziekenhuis in Reno voor het eerst in tientallen jaren ononderbroken tijd om met elkaar te praten (tussen Gene's hazeslaapjes door). Het was een heerlijk gesprek dat op zich nergens over ging. Dat alleen al was iets wat ze zich zelden gegund hadden. Een half uur lang vertelden ze elkaar – en lachten – hoe ze konden genieten van uitgelopen kaas. Het ging helemaal nergens over, en dat maakte het des te beter. Ze hadden het over van alles. Gene wilde praten over de tijd toen Marianne nog een klein meisje was. Hij zei dingen die hij nog nooit eerder had gezegd. Hoe gezegend hij was geweest met een geweldige moeder, die zo ongelooflijk geduldig, zorgzaam en energiek was. Hij werd heel emotioneel toen hij over zijn vader praatte. Hij had verdriet over hun relatie. Hij besefte heel goed met hoeveel verantwoordelijkheid zijn vader voor zijn gezin had gezorgd. Maar het speet hem dat hij niet meer warmte had getoond.

Voor Marianne was het goed om te zien dat haar vader stierf zoals hij had geleefd: vooral kijkend naar de dingen die echt belangrijk waren.

⌐⌐

Na twee nachten in het ziekenhuis in Reno vlogen we terug naar New York. Daar werd Gene opgenomen in het Sloan-Kettering Hospital. De artsen dachten dat hij na een of twee nachten wel weer naar huis kon. Maar het was het weekend van Labour Day. Wij beseften dat hij dus waarschijnlijk op zijn vroegst dinsdag zou worden ontslagen.

Het weekend was een nachtmerrie. Gene ging steeds verder achteruit en zijn eetlust en kracht namen af. Door het extra lange weekend was er veel minder personeel aanwezig in het ziekenhuis. Ik bleef de hele tijd bij hem.

De dinsdag daarop kwamen de artsen terug van hun lange weekend. Uit onderzoek bleek dat Gene's attaque vooraf was gegaan door een longembolie. Hij kreeg een bloedverdunner om de kans op herhaling te verkleinen. Ook kreeg hij een longontsteking en werd merkbaar zwakker. Zijn lichaam begon hem nu echt in de steek te laten. En hij wist het.

De artsen wilden een echo nemen van zijn maag.

'Niet nog meer onderzoeken,' zei hij tegen ze. Daar kwam hij zijn bed niet meer voor uit.

Hij had gelijk. Koste wat het kost in leven proberen te blijven was niet het doel – althans niet meer. Hij wilde geen energie meer verspillen aan medische behandelingen die in dit stadium geen enkele zin meer hadden.

154

Dit markeerde het volgende stadium van Gene's overgang. Hij ging nu echt over van plannen maken, wat mensen doen als ze nog een toekomst hebben, naar de acceptatie dat hij stervende was. Om vredig te kunnen sterven moet je eerst aanvaarden dat je stervende bent.

‏‍ ⤿

Gene zei bijna niets, behalve tegen mij of de artsen.

'Ik heb een geweldig leven gehad,' zei hij tegen me terwijl we op het te krappe ziekenhuisbed in elkaars armen lagen.

We spraken over andere heel persoonlijke dingen. Over het boek, bijvoorbeeld, dat het hoogtepunt zou zijn van onze samenwerking van dertig jaar. Hij vertelde me hoe mijn inzichten over de dood en sterven hem over zijn angst heen hadden geholpen. Als verpleegster die veel mensen had zien sterven, was ik gaan inzien dat je, als je je angsten overwint, de dood overwint. Ik had stervende patiënten geholpen om in te zien dat je niet de beste weg kunt kiezen – niet voor de dood en niet voor het leven – als je je laat leiden door je angst. Dit was de afgelopen drie maanden mijn duidelijkste boodschap geweest aan Gene.

Eindelijk nam hij het van me aan.

⤿

Die dag, dinsdag 6 september, wilde hij niet langer eten. Die dag zei hij ook tegen me: 'Ik denk dat ik vannacht zal sterven.'

'Dat zou me wat zijn voor het boek,' zei ik grimmig. 'Jij probeert om alles rond je dood te maximaliseren en zoveel mogelijk in je greep te houden. Ga je nou ook nog het precieze tijdstip waarop je sterft voorspellen? Dat zou een uitsmijter van jewelste zijn.'

Hij glimlachte. Ik ook.

'Ik weet niet of zoveel controle mogelijk is,' zei ik. 'Het lichaam is verbazingwekkend, en de geest nog veel meer. Maar ik weet niet zeker of je je lichaam precies kunt laten doen wat je wilt. Zelfs niet voor een goed einde.'

Het hoofd Psychiatrie kwam langs, en we praatten enkele minuten met hem. Ik vertelde hem dat Gene had verklaard dat hij die nacht zou sterven, en vroeg hem of hij zoiets al eens had meegemaakt. Sommige mensen kunnen aanvoelen wanneer ze gaan sterven, antwoordde hij.

Maar die dag stierf Gene niet. Hij was er klaar voor, maar hij moest wachten totdat zijn lichaam het helemaal begaf. Zo ziek en zwak als hij ook was, hij was nog steeds een jonge man met een sterk hart.

Alle hospice-medewerkers vertelden me hoe verbaasd ze waren over zijn rust en de manier waarop ons gezin het best denkbare scenario voor zijn overlijden probeerde te verwezenlijken.

~

Ook op woensdag stierf Gene niet. Dit was de dag waarop we hem eindelijk mee terug naar huis konden nemen, waar hij zo ontzettend graag wilde zijn. Er kwam een ziekenhuisbed in ons appartement in New York, wat we slechts drie maanden eerder hadden gehuurd en waar we nog niet eens in waren getrokken toen Gene zijn diagnose te horen kreeg. Hij zou thuis sterven, waar de meeste mensen willen sterven als ze de kans krijgen. Hij zei dat hij besefte hoe oneerlijk het verdeeld was in de wereld, en hoeveel geluk hij had. Andere mensen hadden niet de middelen om thuis verzorgd te worden, om in hun laatste dagen een eigen verpleegster te hebben. Hun ziekenhuisbed stond in een ziekenhuis. Waarschijnlijk deelden ze een kamer met één of meer vreemden, die dag en nacht bezoek kregen van hun familie. Ook al werden ze nog zo goed en liefdevol verzorgd – er was in elk geval niet ononderbroken iemand voor hen. Hij besefte dat maar al te goed.

Hij vroeg niet langer om water. We drongen het hem ook niet op, want hij had bij herhaling gezegd dat hij tegen het eind geen medische zorg meer wilde.

In de afgelopen weken had hij zijn ogen steeds minder vaak geopend; nu deed hij ze bijna helemaal niet meer open. Alleen voor speciale gelegenheden.

Op donderdag kwam een arts van de Visiting Nurse Service of New York – een hospice-dienst – langs. Hij bracht wat tijd door met Gene. Later vertelde hij me dat hij nu zes jaar in voltijd hospicewerk had gedaan. In al die jaren had hij veel mensen met een primaire hersentumor als die van Gene meegemaakt, zowel jongere als oudere. Vaak vertoonden die mensen een 'terminale rusteloosheid' of 'eindstadium-rusteloosheid', een gespannen gemoedstoestand die vaak om zware medicijnen vroeg – anti-psychotica, opiaten en benzodiazepinen (kalmeringsmiddelen). Deze toestand wordt veroorzaakt door een combinatie van factoren. Misschien drukt er vloeistof op zenuwen of is er een andere fysieke oorzaak in het spel. Een sociale of geestelijke oorzaak kan ook. Wanneer jonge mensen die rusteloosheid ervaren, is dat vaak vanwege dingen die ze hebben nagelaten. Niet alleen spijt over de dromen die niet zijn uitgekomen, de verwachtingen die niet zijn waargemaakt, en de dingen die ze niet hebben uitgeprobeerd – maar ook over het afscheid, de afrondingen. Veel mensen komen in die allerlaatste fase van hun leven terecht zonder de psycho-sociale en mentale voorbereiding die hun meer vrede zou hebben gebracht. Dat gold voor ouderen, maar het gold vooral voor 'jongeren' als Gene. De arts besefte dat Gene's 'afrondings'-programma enigszins dwangmatig was. Hij was heel duidelijk een persoonlijkheidstype A (werkelijk *alles* willen afronden, alsof dat mogelijk zou zijn). Maar per saldo was het positief, vond hij. Gene's houding stond in schril contrast met die van een andere man die hij recentelijk had meegemaakt, een topmanager bij een van de grote farmaceutische bedrijven. Deze man was ongeveer zestig jaar oud geweest, had geen bijzonder intieme band met zijn familie noch met zijn kinderen. Ook had hij geen noemenswaardige spirituele basis. Hij praatte, mompelde en schreeuwde zelfs midden in de nacht. Dan gaf hij af op zijn collega's en superieuren (vooral zijn CEO moest het ontgelden). Zijn getier was vreselijk om mee te maken voor zijn vrouw en andere bezoekers. Hij kreeg zware medicijnen toegediend en stierf rusteloos.

Gene had het geluk dat hij geen fysieke pijn leed. Maar hij had zichzelf en zijn omgeving ook een bijzonder grote dienst bewezen door zijn relaties af te ronden en zich te verzoenen met wat hem overkwam.

'Uw man is niet gespannen,' zei de hospice-dokter. 'Hij is vredig.'

↪

Een bezoeker vroeg Gene die namiddag of hij zich vredig voelde.

'Ja,' zei hij.

De bezoeker vroeg hem of hij pijn had.

'Nee,' zei hij. Hij had geen pijn in zijn hersenen, en ook niet omdat hij niet at of dronk. Ook was hij niet bang.

'Is dit de overgang?' vroeg de bezoeker.

'Ja,' zei Gene.

'Ben je goed terechtgekomen?'

'Ik ben geweldig goed terechtgekomen,' zei hij. Zijn hele leven had Gene alleen maar dingen gezegd die hij meende. Nu ook. Hij ervoer de dingen nu zelfs dieper dan ooit tevoren.

Na een lange pauze zei Gene: 'Ik voel dat ik steun krijg van de andere kant.'

Ik vroeg hem niet wat hij daarmee bedoelde. Kennelijk had hij een of andere positieve verbinding gemaakt met de 'andere kant'. En kennelijk was zijn ziel de overgang aan het maken.

Hij rustte. De bezoeker en ik verlieten zijn kamer om in de eetkamer nog wat te praten.

Ongeveer een half uur daarna riep Gene om Darlene. Hij had zijn ogen wijd open – veel wijder dan in dagen, zei mijn zus, die ze had gezien. Hij keek haar aan, scherp als altijd.

'Vertel ze alsjeblieft,' zei Gene, 'dat er geen pijn is tussen deze en de andere kant.'

~

Later vroeg Gene aan Marianne om hem een beker ijskoffie van Starbucks te halen. Dat deed ze, en hij dronk er wat van. Toen vroeg hij sinaasappelsap van Starbucks. Dat haalde Marianne ook. Het was voor het eerst in dagen dat hij iets te drinken had gevraagd. De dokter legde me uit dat hij uitgedroogd begon te raken omdat hij nauwelijks gedronken had. Daardoor nam de zwelling in zijn hersenen af en leek het alsof hij opknapte. Dit was een algemeen patroon. Na een betrekkelijk korte en ietwat onwezenlijke periode in deze toestand zou er een definitieve verslechtering intreden, zei de dokter.

Op een gegeven moment die dag zaten Gina, Marianne en ik rond Gene's bed. Hij keek naar ons drieën.

'Dit is het mooiste plaatje van de hele wereld,' zei hij.

Later die dag was ik aan het werk achter de computer in de andere kamer toen de verpleegster naar me toekwam. Gene had naar me gevraagd. Toen ik bij zijn bed kwam, zei hij: 'Ik kan de rivier niet vinden.'

'Wil je naar buiten kijken?' vroeg ik hem. 'Om de rivier te zien?'

'Nee,' zei hij. 'Ik kan de rivier niet vinden.'

Ik plaatste zijn fontein, die Marianne voor hem had gekocht, vlakbij zijn bed. Toen de fontein enkele minuten had gelopen, zei hij: 'Dat is veel beter.'

Even later zei hij: 'Ik kan de rivier niet vinden.' En vervolgens opnieuw, zijn stem klonk geagiteerd: 'Ik kan de rivier niet vinden.'

Ik hield zijn hand vast. Zo bleef ik lange tijd zitten.

'Ik heb verbinding met jou en ik heb verbinding met de liefde van God,' zei hij na een tijdje, 'maar het kost me moeite om verbonden te blijven met de rivier. Jij kunt makkelijk verbonden blijven met de rivier. Blijf verbonden met de rivier, dan blijf ik verbonden met jou en met God, en dan vind ik mijn weg wel.'

Hij sliep. De nacht verliep verder rustig.

～

De volgende ochtend, het was inmiddels vrijdag, probeerde hij net als de dag ervoor uit alle macht om met het water in verbinding te blijven – en met datgene waar het water voor stond. Het was een worsteling die ergens over ging.

Ik had ervaren dat iemand die aan het sterven is vaak één of meer dingen heeft waar hij op het eind heel erg mee zit. Ik had ooit eens een man verpleegd die twee jaar lang leed aan de gevolgen van AIDS. In zijn laatste uren probeerde hij koste wat het kost in leven te blijven om zijn moeder nog een allerlaatste keer te kunnen zien; hij wist dat zij op dat moment per vliegtuig naar hem op weg was. Twee uur nadat ze aankwam, stierf hij. Natuurlijk sterven veel mensen zonder dat ze die dingen kunnen oplossen. Op gegeven moment kan het lichaam niet meer.

Vanaf het moment dat zijn diagnose was gesteld, had Gene me te kennen gegeven dat hij zich zo'n zorgen maakte hoe ik het eerste half jaar na zijn dood zou doorkomen. Hij was bang dat mijn hart zou breken.

Hij maakte zich daar voortdurend zorgen over, dat wist ik.

Zijn zussen Rose en Linda kwamen langs, en hij had met hen allebei een bijzonder moment.

's Middags vroeg hij me of ik ervoor wilde zorgen dat zijn benen in een hoek van twintig graden kwamen te liggen, en zijn hoofd in een hoek van veertig graden.

'Waarom?' vroeg ik.

'Het lichaam waarin je geboren wordt is verbonden met het water,' zei hij. 'Als je weggaat, dan wil je in die positie zijn … dat is de beste manier om het lichaam te verlaten.'

Dit idee deed denken aan een overtuiging van Tibetaanse monniken. Zij geloven dat je overeind moet zitten als je sterft. Het bewustzijn verlaat het lichaam namelijk op het hoogste punt. Is dat je hoofd, dan is je bewustzijn het grootst en heb je meer invloed op je reïncarnatie. Het was niet te zeggen of hij ooit over dit Tibetaanse concept had gelezen of gehoord, het ergens anders vandaan had, of het gewoon zelf had bedacht.

'Hoe kom je daarop?' vroeg ik hem.

'Het leek me gewoon een goed idee,' zei hij.

∽

Zo nu en dan nam hij een slokje van zijn koffie of sinaasappelsap. De dominee kwam op bezoek. Gene's zussen zaten bij hem. Marianne en Gina brachten tijd bij hem door.

Alles wat hij meemaakte, eiste heel veel van hem. Toch bleef hij bezorgd over mij. Toen ik hem vroeg of hij wilde dat ik die nacht zijn hand vasthield, zei hij: 'Als het je niet teveel vermoeit.'

We lagen in aparte bedden, zijn ziekenhuisbed pal naast het bed dat we samen hadden gedeeld, en ik hield die hele nacht zijn hand vast.

～

Op zaterdag kwam mijn broer Donald met de auto over uit Massachusetts. Hij en Gene spraken met elkaar in de slaapkamer. Toen Donald de slaapkamer uit kwam, zei hij dat Gene zich zorgen maakte over mij – wat zijn dood met mij zou doen. Donald zei dat hij Gene had verzekerd dat het me goed zou gaan, en dat hij op me zou letten.

Marianne vertrok. Later vertelde ze me over de telefoon dat ze alweer spijt had dat ze niet was gebleven toen ze aan boord van het vliegtuig stapte.

Er kwam die dag nog meer bezoek. Het kostte Gene duidelijk veel moeite om te reageren.

Toen Caryn, Gene's assistente de laatste acht jaar, hem een allerlaatste keer opzocht, opende hij zijn ogen om haar te zien. Enkele goede vrienden kwamen langs en waren even alleen met hem. Tim Flynn, zijn vriend en opvolger bij KPMG, kwam afscheid nemen.

～

Die middag zei Gene tegen mij: 'De meeste mensen hebben niet de geest of het lichaam dat je nodig hebt om bewust te kunnen sterven.'

Ik was, zoals altijd, wezenlijk geïnteresseerd in wat hij probeerde over te brengen. Uiteindelijk begreep ik het. Met 'geest' bedoelde hij 'geestelijke discipline', met 'lichaam' bedoelde hij de ziel.

Ik vroeg hem of hij er klaar voor was om me te verlaten.

'Ik geloof van wel,' antwoordde hij. Ik vertelde hem niet te blijven, en verzekerde hem dat het goed met mij zou gaan. Hij had het laatste stadium van zijn overgang bereikt. Hij was klaar om te gaan.

∽

Mijn man stierf nog geen drie uur later, om 8.01 uur op zaterdagavond 10 september. Hij kreeg opnieuw een longembolie, wat volgens de artsen een van de beste manieren is om in deze omstandigheden te sterven. Het komt erop neer dat de embolie de zuurstoftoevoer naar de hersenen onderbreekt, waardoor eerst de geest en vervolgens het lichaam gewoon afslaat. Het zou een van de snelste en minst traumatische manieren zijn om te sterven. Toen hij stierf, was hij omringd door vier vrouwen die allemaal een medische achtergrond hadden: zijn zus Rose, mijn zus Darlene (met twintig jaar ervaring als verpleegster op de IC), de nachtverpleegster, en ikzelf. Het was niet alleen goed voor Gene – het was ook goed dat wij vrouwen elkaar hadden.

∽

We waren allemaal voorbereid op zijn overlijden, maar toch was het een angstig moment. Ik had nog nooit iemand zo zien sterven – aan een longembolie – en mijn enige zorg was dat Gene geen verstikkingsangst zou hebben. Rose wist daar alles van en kon me uitleggen welke stadia hij zou doorlopen. De vredige manier waarop hij stierf stelde haar gerust: de vele sterfgevallen die zij in ziekenhuizen had meegemaakt waren bijna allemaal traumatisch geweest.

Nu Gene zijn reis volbracht had, was ik beetje opgelucht. Ik voelde me die hele verdere avond murw. Rose, Darlene en ik wachtten totdat Gene werd weggehaald. Daarna gingen we in de keuken

163

zitten, dronken een van zijn favoriete wijnen, en praatten over wat we allemaal hadden meegemaakt.

De volgende ochtend voelde ik een ongelooflijke vreugde en rust. De pijn van het verlies zou later komen; nu was het tijd om te vieren. Gene was in vrede gegaan. Ik keek uit over de rivier. De zon schitterde in het water.

Het was een perfect moment.

~

De uitvaart was geweldig, precies zoals Gene het had gewild. Enkele honderden mensen waren erbij – familie, vrienden, collega's, bewonderaars. Gene had in zijn korte leven voor veel mensen iets betekend. Mijn zus Darlene en ik hadden de dienst met grote zorg voorbereid. De harpiste en de fluitiste speelden schitterende muziek, vooral de 'Dans van de gelukzalige geesten'. De drie gedenkwoorden waren ontroerend en uniek: iedere spreker – Tim Flynn, Stan O'Neal en Gene's broer William – belichtte verschillende kanten van Gene. Stan vertelde dat Gene hem in een brief had gevraagd een van de sprekers te zijn. Maar hij had die brief pas gekregen toen Gene al gestorven was. 'Hij heeft me niet eens de kans gegeven om te weigeren,' zei Stan, tot grote hilariteit in de kerk – wat een prettig bevrijdend effect had. De wake daarna was overvloedig en vrolijk, een viering – precies zoals Gene zich had voorgesteld.

~

Gene heeft die laatste dagen van zijn leven hard gewerkt aan zijn dood. Als hij wakker was, dan concentreerde hij zich op wat hij deed. Hij had zich altijd enorm ingespannen, bij alles wat hij deed. Maar in die laatste 72 tot 96 uur of zo groeide mijn respect voor zijn vastberadenheid enorm. Het was alsof hij drie of vier dagen aan één stuk aan het bevallen was – een uitputtende ervaring voor iedereen in zijn directe omgeving, maar bijna onnavolgbaar zwaar voor degene die het moet doen, gericht op die ene opdracht die je moet volbrengen.

Ik vergeleek het bijna als vanzelf ook met de concentratie die je moet opbrengen als je een golfbal slaat. Je beste slagen maak je als je je ogen richt op één kleine plek op de bal. Je houd je ogen doodstil. Je beweegt je brandpunt geen jota. Geen enkel moment denk je: 'Ik sla hem recht', of 'Ik ga niet slicen'. Je moet een punt zien te bereiken waarop je gewoon die swing maakt en die bal slaat. Het is al heel moeilijk om je vijf seconden aan één stuk zo dóór en dóór te concentreren. Probeer het dan maar eens drie of vier dagen achter elkaar.

~

Sommige dingen hadden natuurlijk anders gekund. Dat is altijd zo. We zijn aan die bestraling begonnen in de hoop dat de tumoren daardoor kleiner zouden worden, zodat de symptomen minder erg zouden zijn. Later heb ik me afgevraagd of we er wel goed aan hadden gedaan om die volle zes weken bestraling af te maken. De hele linkerkant van Gene's hersenen was bestraald, met als gevolg dat alles wat door dat deel van de hersenen wordt aangestuurd (de rechterkant van je lichaam) daarvan te lijden had. Was Gene misschien juist vanwege die uitgebreide behandeling zo snel afgetakeld? Hadden we wellicht een betere balans kunnen vinden tussen het dempen van de symptomen en de schade aan zijn functioneren? Ik weet het niet. Je moet altijd een afweging maken. Bij alles.

Daar staat tegenover dat die ervaring van de bestraling een groot geschenk bleek te zijn. Zes weken lang ging hij iedere dag naar die kliniek, en zag en ontmoette heel veel kankerpatiënten die minder geluk hadden dan hij. Mensen die armer waren. Of die de persoonlijke steun moesten ontberen die hij wel had. Of die niets durfden te zeggen wanneer een machine plat ging door een storing, of wanneer niemand zich om hen bekommerde. Of die te verward en te bang waren om voor hun gezin een toekomst uit te stippelen waar zij niet langer deel van uitmaakten. Gene heeft toen een stichting opgericht, het Eugene O'Kelly Cancer Survivors' Fund, om financiële steun te geven aan mensen die voor kanker worden behandeld.

Ook bij het afronden van relaties zijn er in bepaalde aspecten misschien verkeerde inschattingen gemaakt. Maar het idee als zodanig om relaties af te ronden was belangrijk en goed. Het karakter ervan veranderde naarmate Gene (of wie dan ook) dichter bij het middelpunt van de cirkel kwam. Voor veel mensen in de buitenste ring is een 'perfecte' interactie mogelijk. Maar voor degenen die het dichtst bij je staan, is geen enkel gebaar voldoende om werkelijk afscheid van elkaar te nemen. Dat is vergelijkbaar met datgene wat er met Gene gebeurde (of met bijna iedereen zou kunnen gebeuren): er zijn belangrijke persoonlijkheidslagen aan de buitenkant, maar in de kern zit de ziel, en dat is een veel rijkere en complexere essentie. Het verbreken van banden verschilt naarmate je het middelpunt van de cirkel. Je relatie met die mensen is immers ten zeerste verweven met de essentie van jouw wezen. Deze relaties kunnen alleen met succes worden 'afgewikkeld' wanneer de twee betrokken personen allebei kunnen loslaten. Het is moeilijk, en het doet pijn. Omdat ik zo ontzettend veel van Gene hield, kon ik hem aanmoedigen te gaan. Als ik hem nu opnieuw voor me zou zien, zou ik niet zo sterk zijn.

Wat de afronding met Gina betreft: Gene had zich werkelijk suf gepiekerd om haar de perfecte reis of het perfecte gebaar of het perfect cadeau te geven, iets wat zij de rest van haar leven met zich mee kon dragen ... maar zou dat ooit mogelijk zijn geweest? Hoe rond je een relatie af met een een kind? Jouw kind? Dat veertien jaar oud is? Hij was zo doelgericht, zo optimistisch, en zo'n doener. Hij was ervan overtuigd dat hij die ultieme aanmoediging voor haar zou weten te vinden. Ik zei hem dat ik het onbegonnen werk vond. Maar omdat hij nu eenmaal zo in elkaar zat, bleef hij bedenken wat hij moest doen of zeggen, ook al had hij alles al gezegd en gedaan ... als ze een volwassene was geweest. In alle ingrediënten was voorzien, van hem naar haar toe. Hij kon zichzelf echter niet overtuigen dat hij het goed had gedaan met haar. Want hij kon dat ene cruciale ingrediënt niet krijgen, hoe hij het ook probeerde.

Tijd.

↩

Sommigen vragen zich misschien af waarom Gene nu juist voor zijn sterven naar een zo hoog mogelijk staat van bewustzijn streefde. Hij geloofde dat hij zo het dichtst bij zijn ziel zou kunnen komen – die goddelijke geest die wij allemaal in ons dragen. Immers: hoe kon je nu beter een brug slaan tussen deze wereld en de volgende dan door het goddelijke zo dicht mogelijk te benaderen? Als je in contact was met het goddelijke in jezelf, dan hoefde je niet eens een brug over, meende hij. Om zover te komen, moest hij oefenen, zich zo goed mogelijk concentreren, en alle banden die hij in zijn leven had ontwikkeld loslaten. Daarom wilde hij zijn relaties afronden.

Door juist op het slechtste en moeilijkste moment te kiezen

voor een zo groot mogelijk bewustzijn stelde hij ook een voorbeeld aan ons, aan iedereen die erbij was. Voor ons gezin bevestigde hij daarmee, intenser dan ooit tevoren, wat je kunt bereiken als je samen naar een doel toewerkt – dat de som werkelijk meer kan zijn alle delen bij elkaar opgeteld. Als je gewoon de ene na de andere dag leeft, zonder dat er een zwaard boven je hoofd bungelt, dan raak je net als iedereen al snel verloren in je eigen draaikolk. Maar als je een buitengewoon leven leidt – zoals wij allemaal deden in die ongelooflijk lange en tegelijkertijd ongelooflijk korte periode van eind mei tot begin september – dan begin je te begrijpen wat het betekent om ontzag te hebben. Dan leer je kracht, betrokkenheid, liefde en, vooral, het *leven* te begrijpen op een manier die je pas goed doet beseffen hoe nietig je eigenlijk bent.

Dit was het laatste wat hij voor ons kon doen. Door zijn laatste dagen uit te stippelen zoals hij heeft gedaan, heeft hij een vreselijke ervaring voor zijn dochters, zijn vrouw, onze familie, onze vrienden en zijn bedrijf zo positief gemaakt als hij maar kon. Iedere stap was doordacht en had zin. Hij zorgde ervoor dat onze zaken op orde waren. Zowat vanaf het moment dat hij te horen kreeg wat er met hem aan de hand was, liet hij zijn werk volledig los. Hij was altijd dol geweest op zijn werk. Hij was altijd dol geweest op de firma. Die liefde toonde hij door er zo snel mogelijk afscheid van te nemen: op die manier maakte hij het zoveel makkelijker voor de firma en haar medewerkers.

Toen kwam hij op het idee voor dit boek. Het moest een verkenning worden van een betere manier om te sterven. Uren en uren lang maakte hij aantekeningen – in een steeds slechter leesbaar handschrift. Hij liet ze uittypen (dat kon hij niet langer zelf). Hij zocht vervolgens een uitgever. En dat alles in het volle besef van die ene wezenlijke beperking: hijzelf zou dit boek nooit voltooien. En dus zou ik eraan moeten werken. Daarmee gaf hij ons een laatste gezamenlijke project in een leven waarin we samen al aan zoveel belangrijke projecten hadden gewerkt – ons gezin, ons thuis, zijn carrière.

Voor Marianne bevestigde de kracht die hij ons op het einde liet zien dat je niet waarlijk leeft als je niet met je volle bewustzijn leeft. Je doet de wereld en jezelf geen plezier door maar gewoon door te gaan. Hij liet ons zien dat je altijd een beetje beter je best kunt doen, een beetje beter kunt zijn. Marianne heeft het gevoel dat zij hier een beter mens en een betere moeder door zal worden. En dat wil zij ook meegeven aan haar kinderen.

Voor Gina zal geen enkele vergelijking of duiding de pijn die zij voelt de komende tijd kunnen verlichten. Ook dit boek, deze kroniek van haar vaders laatste – en in veel opzichten beste – paar maanden (en zeker voor haar de maanden waarin hij er als nooit tevoren voor haar was), kan die pijn nauwelijks verlichten. Hij is er per slot van rekening niet meer. Maar hij probeerde er het beste van te maken. Hij heeft geprobeerd om van sterven iets nieuws te maken, iets dat je naar een nog betere plek voert. Dat, gevoegd bij de aanmoediging en het vertrouwen die in een dergelijke onderneming besloten liggen, is volgens mij het grootste geschenk dat haar vader haar heeft gegeven. Bovendien: als haar vader zijn leven op die manier onder ogen kon zien, dan kan zij die zijn naam draagt dat ook. Die gedachte maakt me gelukkig.

En ik zelf? Deze ervaring heeft mij heel veel diepe gevoelens en inzichten gegeven, die echter nog te pril zijn om ze hier onder woorden te brengen. Eén ding kan ik echter wel al benoemen: hij mag me dan op de golfbaan achter hebben gelaten terwijl hij het daglicht najoeg (zijn favoriete beeldspraak) – maar hij heeft me ook een heel goede eerste slag voor de rest van de ronde meegegeven.

Gene is niet de enige geweest die in deze beproevende en bijzondere maanden geprobeerd heeft om zo helder mogelijk te blijven, en zich zo sterk mogelijk te concentreren. Ook ik was erop gericht om hem op koers te houden – en er tegelijkertijd te zijn voor onze dochters.

Nu is hij er niet meer, en moet ik het zonder hem doen. Daarbij weet ik me gesteund door datzelfde vertrouwen in helderheid en concentratie – niet alleen op het eind maar ook elke dag tot dat moment.